◦ SFBT教养思维21天训练法 ◦

焦点解决与家庭教养难题

陈意文◎著

中国妇女出版社

图书在版编目（CIP）数据

焦点解决与家庭教养难题 / 陈意文著. -- 北京 : 中国妇女出版社，2025. 5. -- ISBN 978-7-5127-2443-3

Ⅰ. G78

中国国家版本馆CIP数据核字第2024U2T573号

责任编辑：王海峰
封面设计：末末美书
责任印制：李志国

出版发行：中国妇女出版社
地　　址：北京市东城区史家胡同甲24号　　邮政编码：100010
电　　话：（010）65133160（发行部）　　65133161（邮购）
网　　址：www.womenbooks.cn
邮　　箱：zgfncbs@womenbooks.cn
法律顾问：北京市道可特律师事务所
经　　销：各地新华书店
印　　刷：小森印刷（北京）有限公司

开　　本：165mm×235mm　1/16
印　　张：14.5
字　　数：150千字
版　　次：2025年5月第1版　　2025年5月第1次印刷
定　　价：59.80元

阅读档案

这是一本值得反复阅读的书，也是一本值得珍藏的书，请记录你当下的情形。

在这里贴一张你与孩子的照片吧！多年后再翻开这本书，一定会唤起许多回忆。

孩子的姓名________________

孩子的年龄________________

父母的姓名________________

购 买 地 点________________

购 买 时 间________________

推荐序

赋能导向的焦点解决短期治疗（Solution-Focused Brief Therapy，SFBT），尤其是它的诸多实用理念，已在实务现场与实证研究中被证实，能支持青少年健康发展以及家长亲职效能提升。

举例而言，SFBT 认为，家长要多关注自己与孩子的优势，并充分运用与发挥，如此才有助于孩子各阶段的持续成长。再如，孩子做错事时，代表着孩子需要学习某方面的技能，以及家长要学会引导孩子。

很明显，SFBT 的思维常能点燃家长的希望，激发家长的有效作为，从而带动亲子之间的正向循环互动，化解孩子的成长挑战。

本书作者陈意文博士在 SFBT 领域深耕多年，运用 SFBT 于儿童、青少年、家长、学校的咨询与辅导工作多年。本书是她多年工作经验的良好总结。她将自身丰富的专业实务，对亲子议题的深切关怀，以及身为家长的切身经验，转化为可以帮助家长化解教养难题的各种方法技巧，实属难得。

在书中，陈意文博士将SFBT的重要精神与方法，以浅显易懂、容易操作的方式呈现给广大家长。每一部分都有焦点解决短期治疗重要观点的说明、常见青少年议题或相关教养难题解决案例、作者的反思与心得，以及后续的方法论练习，这能让家长轻易地将本书的内容应用于日常生活以及与孩子的互动中。

当然，本书专业且丰富的内容，也十分适合从事青少年、家长咨询工作的专业人士仔细翻阅。相信在阅读本书的过程中，你能大有斩获。

台湾师范大学教育心理与辅导系退休教授　许维素

2025.3

序　言

著名心理学大师弗洛伊德认为孩子的人格在6岁前基本定型，可是许多父母告诉我孩子在6岁之前几乎没有问题，上学之后频出问题，例如交不到朋友、常与父母师长发生冲突等。

我常见到两种极端家长。一种家长认为：“老师，现在的小孩就是欠揍、欠教训。什么爱的教育，我一律不赞成。打才是王道！”“我是被打大的！现在我活得好好的。如果不打不骂，孩子怎么会改呢？”另一种家长认为：“老师，我的孩子也不坏啊，他就是不太会做事。现在的老师一点包容心都没有。”“老师，小孩还小，不懂事，我们应该给予爱与包容，才能让他好好长大。”这两种家长站在两个极端。

此外，大多数家长都有这样的困惑：“陈老师，自从有了孩子，我什么都给他最好的，但他为什么这么不知感恩？他完全不理解我。”“陈老师，我这么努力，就是为了给孩子最好的，但他为什么总是对我很冷淡，甚至对着我大吼大叫？”这种亲子关系不和谐的问题十分普遍。

读到这里，如果你也心有戚戚焉，那你要慎重思考的是：你认为你对孩子很好，孩子是否也这样认为？许多来到我咨询室的父母问我："陈老师，我已经尽可能给孩子最好的了，为什么他跟我关系不好？"我常常反问这些父母："你知道怎么做才是对孩子好吗？"我听到的答案不外乎上好的学校、有好的生活环境、学习许多才艺、寒暑假去旅游等。但是，这真的是孩子需要的吗？试问，你真诚地跟孩子讨论过什么是他需要的吗？你是否一直在一厢情愿地付出？

如果你有上述困惑，我真心期盼你来阅读这本书。其实，教养问题真的没有标准答案，但焦点解决提供了可帮助我们成为更好父母的方法。那么，焦点解决到底是什么呢？

焦点解决是焦点解决短期治疗的简称，是一种短程的心理治疗方法，特别注意看事情的角度，是一种提倡远离问题而注重解决方法的治疗方式。其思维方式是把注意力放在解决问题上，而不是问题本身。我们把注意力放在问题上的时候，会认为问题发生时找出问题的根源非常重要。很明显，这不利于问题的解决。然而，我们把注意力放在解决问题上时，会认为任何事情不只有一面，不会只悲观地看见问题的困扰点，而是更注重利用各种资源与力量解决问题。也即，焦点解决更在意当事人的目标，更看重未来的愿景，而不是过去犯了什么错误或发生了什么问题。

一次，我因为牙痛准备去看牙医，但只预约到两周后的门诊，于是我展开自救行动，到了去看诊时反而不那么痛了。牙医问我怎么办到的，当时我跟牙医分享的方式包括增加刷牙次数、饭后使用牙线等。牙医一边听一边表扬我，我很开心！但是，当牙医告诉我，我的状况是免疫力下降造成的，并问我为什么我的免疫力会下降时，我发现，我越说越不开心、越自责。那一刻我深深体会到焦点解决思维方式的好处。

一般人在遇到问题时，总是将焦点（注意力）放在“问题”本身，进而产生一系列自动化思维：为什么会发生这个问题？这个问题发生多久了？谁造成了这个问题？好像只有找出问题背后的原因，才可以解决问题。这样的思维方式用在解决机械问题或是医疗问题上很有帮助，比如汽车坏了、有人病了等。这是以问题本身为焦点的思维方式。

但是，在面对孩子的问题时，我们会发现有时没办法很快找到原因，甚至很多时候找不出原因。例如，有的父母温文儒雅，但孩子蛮横得不行。还有时候，即使找到原因也解决不了问题。我在咨询中时常发现，如果一直执着于寻找问题发生的原因，可能耗费很多时间、精力，也解决不了问题。

我们把注意力集中于解决问题时，会更关注每个人的优势和他所拥有的内部及外部资源，比如，孩子的优点、长处、特质，以及任何可以帮助他解决问题的人、事、物等。运用这种思维方式思考孩子的问题，我们不仅能注意到孩子的问题，而且能关注到如何与孩子一起或是帮助孩子解决问题。由此可见，不同的焦点会带来不同的结果。

以大部分家长都在意的考试成绩为例，要想让孩子有好成绩，势必更要关注孩子已经取得的成绩。比如，孩子考了 85 分时，不是特别关注孩子丢的 15 分，而是先问孩子是通过什么样的努力拿到这 85 分的，然后问孩子对这个分数满意与否，最后讨论哪里需要改进。如此孩子才能感受到父母对他的接纳与理解。一旦能感受到接纳与理解，而非只有不满与责备时，孩子更乐意学习，也更能考取好成绩。

父母是孩子生命中最好的引路人，父母对孩子有爱、有耐心，并且能够掌握适当的方法，才能够帮助孩子安稳度过各种成长阶段。期待焦点解决帮助广大父母做到“不打不骂也能养好小孩”。

你准备好跟我一起开启这场焦点解决的学习之旅了吗？

陈意文

2025.2

导　读

根据美国行为心理学家卡尔・斯宾塞・拉什利以及著名整形外科医生马克斯韦尔・莫尔兹博士的研究，改变一种生活习惯或是养成一种新行为习惯，至少需要 21 天。也就是说，21 天可以让我们摆脱旧有的习惯并养成新习惯。

在这 21 天里，有一个“反应”与“刺激”互相作用的循环过程。也就是说，人们在尝试一个新的习惯时，会伴随全新的人生体验，这种体验会反作用于习惯。如此，人们才会养成新的习惯。一个新习惯的养成最初是 21 天，坚持时间越长越能够巩固这个习惯，最后我们才能够条件反射般无须特别思考做出新的行为。

本书旨在帮助广大家长养成基于焦点解决短期治疗理念的教养习惯，之所以设置 21 天的概念，正是出于以上原因。期待你能跟着本书一天执行一种新的教养理念与技巧，从而让好的观念与技巧随着时间一点一滴地改变你与孩子的相处与沟通。

本书的编排顺序是这样的，先从焦点解决的概念开始，陆续推进至焦点解决各种技巧的讲述。在学习的过程中，概念简单易懂但不容易执行。以前，我刚学习焦点解决的时候，一位老师曾对我说："SFBT is simple, but not easy."若你能循序渐进跟随本书进行学习，终能通过一天天对于概念的明晰，学习到焦点解决理念的真谛。我常跟我的学员说，清楚了概念，学习技巧就会变得容易很多。

此外，由于焦点解决理念十分重视细节，因此你在书中看到的对话均由原汁原味的细节组成。我希望你能从这些细节中，找出焦点解决教养理念的精髓以及应对孩子问题最好的方法。无论你是父母还是老师，请从导读开始，从第 1 天到第 21 天，循序渐进地阅读这本书。本书一定会成为你陪伴或教养孩子最佳的帮手。

陈意文

2025.2

目 录

第1天　从Not-Knowing（未知的态度）出发

——无论何时，都不要预设立场

第2天　细节藏有制胜的关键

——关注细节，用细节来解决问题

第 3 天　不要走进“死胡同”

——任何时候都要看见事情的不同面

第 4 天　不可小觑的逆向思维

——换个角度，也许问题更容易解决

第 5 天　关键在于解决

——比起探讨问题，解决问题更重要

第 6 天　所谓舍得，有舍才有得

——面对困境，要学会断舍离

第 7 天　神奇的“重新建构”

——引导孩子看见同一件事情的不同面

第 8 天　世上没有理所当然

——任何时候，都不要预设立场

第 9 天　SFBT 赞美法

——要习惯用正向眼光看待孩子

第12天 激发孩子的内驱力

——用科学方法帮孩子学会承担责任

第13天 学会与孩子合作

——不同孩子适合不同的合作方式

第14天 在困境中寻找希望的技巧

——假设解决问句的科学应用

第 20 天　破除全有全无思维
——让问题更具体的评量问句

第 21 天　并行不悖，多管齐下
——和焦点解决取向融合使用的其他方法

第1天

从Not-Knowing（未知的态度）出发
——无论何时，都不要预设立场

Not-Knowing（未知的态度）是焦点解决中一个非常非常非常（因为非常重要，所以要特别强调）重要的概念。它代表一种带着“未知”的态度，未知并非无知，它强调认真地聆听别人的表达。与此相反的是“预设立场”。

我在工作现场经常看见父母打断孩子的陈述。孩子说一句，父母说五六句，而且内容都是说教与建议，难怪孩子不想跟父母说话。我们无法真正理解一个人，除非保持未知的态度。带着关心与好奇和孩子互动，常常会感动于孩子内在的丰富与美好，而孩子也更乐意跟我们说话。如此，亲子关系才会更好。

案例分享

坚持两人一起玩碰碰车的孩子

我想跟大家分享一个关于我家女儿的案例。这件事发生在她上小学时的一个暑假。那天早晨，女儿和同学小祥约好到儿童乐园游玩。当来到碰碰车区域时，女儿和小祥非常兴奋，因为这是她们第一次玩碰碰车（之前身高不够）。她们两人入场后，选择了一辆车，共同驾驶。她们俩一人负责踩刹车，一人负责掌握方向盘，玩得不亦乐乎。她们玩完出场时，仍处于高度亢奋的状态。

我和小祥的妈妈一边招呼她们吃点心，一边听她们描述玩碰碰车的经过和感觉，强烈地感受到她们的“意犹未尽”。在和她们讨论后，我们决定再让她们玩一次碰碰车。她们一听开心极了，连忙说：“这一次，我们换一下。”也就是说，她们要交换踩刹车和掌握方向盘的任务。

我和小祥的妈妈听她们这样说之后，觉得非常困惑：独自操控一辆车不是更过瘾吗？她们为什么非要一起玩一辆车呢？

一般来讲，很多父母这时会直接跟孩子说：“你们之前已经一起开过一辆车了，这次可以一人开一辆车啊！而且，你们可以在场上互相碰撞，这样才叫碰碰车嘛！”有的父母甚至会强制性地让孩子接受，以此培养他们的“冒险精神”。

这样的做法可能导致三种结局：第一，孩子虽有些犹豫但还是勉为其难去做了，上场后发现真的很好玩；第二，孩子上场之后因身高有些不足而玩得很辛苦，之后很生气；第三，孩子不乐意且想跟你表达他的想法，但你拒绝沟通，直接将孩子赶上场，因此孩子带着生气的情绪上场，下了场也不开心。这都是预设立场惹的祸。

很多家长觉得自己吃过的盐比孩子吃过的米都多，想让孩子接受自己的建议，因此总想“教导”孩子，从而让孩子得到“最好的”。如果这样和孩子沟通，前面故事中两个孩子进场后要么踩不到刹车，要么看不到前方，从而很可能败兴而归。最后，孩子抱怨“不好玩”，家长则忙着“开导”，或是教孩子“正向思考”，或是教孩子“控制情绪”。

实际上，这么小的孩子认知能力有限，他们无法清楚地说出“来龙去脉”。最后的结果就是“两败俱伤”：孩子怪大人乱出主意，大人怪孩子遇到挫折只会怨天尤人。长期如此，孩子就会开启“不沟通”模式，而这些“未爆弹”累积到青春期会导致更糟糕的结果。当然，还有另外一种情况，孩子完全接受父母的建议之后，玩得很高兴，但这仍然不能让我们忽视父母剥夺孩子自主尝试意愿的事实。这样极有可能养出没有主见的孩子。

那么，怎样才能避免预设立场的弊端呢？

在沟通之前，请暂时放下自己的想法。焦点解决的做法是带着未知的态度，认真聆听，基于“他这么做一定有一个重要的理由，那是什么”引导对方说出事情的始末，进而达到双方都想要的结果。

于是，我们问孩子："你们的计划是什么？一定有一个重要的理由，让你们在第二次玩的时候，还是选择两人共开一辆车，那是什么？"两个孩子七嘴八舌地说："妈妈，我们已经准备好对换任务。""我们决定这次选蓝色的车子。"等等。

实际上，孩子讲了半天还是没有告诉我们她俩为何要一起开一辆车。我们想到，对于孩子，一次沟通不能同时问太多问题，基本上一次一个就好，这样才不会让谈话失焦。于是，我们又问："场上有很多空车，你们已经一起开过一次了，为什么这次还是选择两个人一起开呢？"两个孩子相视一笑，很快回答："妈妈，我们必须合作才能开动那辆车。我们独自开车的话，控制方向盘的时候，脚踩不到刹车！"

我和小祥妈妈相视一笑后露出恍然大悟的表情，原来孩子有自己的想法与做法，有自己解决问题的能力。孩子和大人想的有时是完全不同的，这个故事里的大人想的是一人开一辆车比较好玩，孩子想的是怎样才能更好地开动车子。在那一刻，我和小祥妈妈都很庆幸我们学了焦点解决理念。我们愿意带着未知的态度，愿意聆听，由此才发现了孩子如此珍贵的思考。

这让我想到著名心理治疗师欧文·亚隆所说的一句话："我

应该好好倾听，抛开我个人的世界观，停止将我的观点强加在患者身上。我应该从患者的窗户看看外面。”若把“患者”二字换成“孩子”，对当父母的我们，何尝不是当头棒喝？工作20多年来，我在咨询室常常听见父母抱怨“孩子不听话”。但是，说这句话的时候，父母可曾想过：你只想让孩子听你的话，你专注地听过孩子说话吗？

Not-Knowing（未知的态度）是什么

Not-Knowing的概念原本是用来提醒咨询师用更好的态度应对来访者。我在与孩子相处时发现，这个重要的方法同样适用于教养中。Not-Knowing主张家长要对孩子有丰富而真诚的好奇心。也就是说，我们需要更多地理解孩子所说的话，而不是先入为主地表达建议和期望。

因此，我们必须将自己放在一种等待“被孩子告知”的状态，让孩子“告诉”我们“发生了什么”，并且不预设“知道孩子的意图”这样的立场。通过学习、探究和认真对待孩子所表达的，我们可与孩子共同探索他经历了什么，这样做可以为孩子提供与家长对话的机会和空间。

保持Not-Knowing（未知的态度）的技巧

一、安顿自己很重要

要想静下心来听孩子表达，首先要让自己保持平静。

二、维持正念，安住当下

正念并不是正面或正向念头。维持正念，是先觉察，问问当下自己的内心发生了什么，接下来通过“鼻子吸气、嘴巴吐气”的简要深呼吸法帮自己稳定情绪。

三、转换焦点

可以通过这句话——“他这么做一定有一个重要的理由，那是什么”——将自己的预设立场转变为 Not-Knowing（未知的态度）。

四、聆听并关注细节

可以平静地说出你的具体观察，并结合“他这么做一定有一个重要的理由，那是什么”来询问孩子。也即，要打开自己的耳朵，用关心而好奇的态度与孩子对话，聆听孩子的心声。

五、引导孩子表达

引导孩子思考并说出他想如何解决自己的问题，然后协助孩子找到最好的解决办法。

总而言之，面对孩子时，放下自己的世界观，停止将自己的意愿与观点强加在孩子身上，从孩子的角度看看外面的世界，你一定会看见不同的风景！

即学即用

假如你十分看不惯孩子做某件事，例如，孩子一回家就打开电脑玩游戏，你会怎么办？请参照以下思路进行练习。

一、先用“鼻子吸气、嘴巴吐气”的方式，进行3～5回合平静呼吸。

请跟着我，先用鼻子吸气，然后用嘴巴缓缓吐气。我发现你做得很好，让我们再做2～4次。

二、注意自己此刻的心情。

现在，你有平静的感觉吗？

若没有平静的感觉，请回到上一步骤，再进行3～5回合平静呼吸。

若有平静的感觉，和孩子讨论这件事时不会烦躁，那请进行下一步！

三、请问自己：“他这么做一定有一个重要的理由，那是什么？”

给出三个答案，放在心中，不要说出口。比如，他想放松，今天他得到奖励了，他跟小伙伴约好一起玩。这一步可帮助你快速共情孩子。

四、以未知的态度明确描述孩子的具体行为，同时询问孩子这么做的理由，例如："妈妈很想知道你一回家就玩游戏的重要理由是什么。"

孩子若能马上说出理由，请专心聆听。如果孩子不说话，请等他一会儿，给他思考的时间。

五、专注地聆听孩子说出来的想法以及各种细节，不批评、不打断、不评论，甚至不给建议，只是安静地听孩子表达。

哇！我发现你克制住了想打断孩子或是给他建议的冲动。真不容易，给你点赞！

六、设定管教的界限。

比如："谢谢你跟我说你的想法。原则上咱家所有人每次玩游戏只能玩 15 ～ 20 分钟。你说你想放松一下，那你先玩 15 ～ 20 分钟，然后再去写作业。"

若你的孩子已经 10 岁以上，可以询问他对这样的处理方法是否满意，直至和他达成共识。

第 2 天

细节藏有制胜的关键
——关注细节，用细节来解决问题

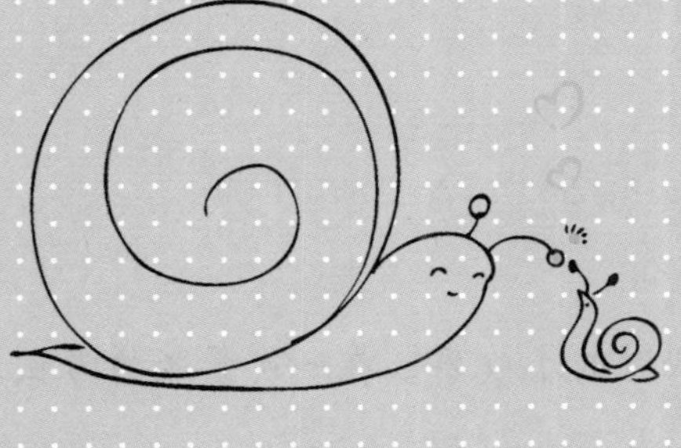

许多家长反映，他们虽然上了许多课，但遇到孩子的状况时仍然很容易生气。最容易惹怒家长的是“孩子态度不佳”，但我发现，家长跟孩子对话时经常不注意细节。一旦孩子觉得被误解，自然不会好好跟家长说话。也即，态度不佳会把彼此都惹怒。

多年的咨询经验告诉我：孩子最讨厌被大人误解。关注“细节”不但可以帮助家长去除预设立场，还可以帮助家长转换视角，从而看见孩子的立场与想法。跟孩子沟通时，关注细节扮演着重要的角色！

要想与孩子进行更注重细节的对话，关心而好奇的态度很重要。我们如果将一切都视为理所当然，就会失去好奇，很容易被预设立场裹挟，自然得不到孩子的响应。

案例分享

没有礼貌的孩子

我想说一个我儿子上高中时的小故事。在一次紧张的考试之后，我儿子得到一次去外婆家游玩的旅程。他喜欢去外婆家，因为他是外婆带大的，每次去外婆家都有备受宠爱的感觉。另外，外婆家还有玩电竞很厉害的他十分崇拜的大舅！

一个周日，我和先生去找儿子和女儿。我们进门之后，儿子和女儿玩游戏玩得不亦乐乎，连招呼都没和我们打。接着，我弟弟全家人来了，儿子倒是记得和小舅及小舅妈打招呼。儿子的表弟表妹也想玩游戏，我便请儿子让出位子。儿子有些不开心，但还是爽快地让出位子，接着拿起篮球往外走。当时，正值中午 12 点左右，太阳很毒辣，室外气温有 35 摄氏度。我连忙阻止甚至直接下指令："现在是中午，太阳太大，再加上马上要吃饭了，别去打篮球了！"

儿子悻悻地说："我又没有要去篮球场，我就在门口练练运球。"他说完就出去了。

我想，这虽是封闭性小区，但节假日还是常会有车子开进来，万一有个闪失可不好，所以我还是不想让他出去。我不知道他是没听到还是有情绪，表现出一副听而不闻的样子，径直出去了。我因为要忙着准备午餐，就请他爸爸去找他。

不一会儿，儿子回来了，但先生一脸不悦。我看情形不对，连忙把先生拉进一个房间并问他怎么了。先生开口便撂下狠话（我的感觉）："以后再也别让他来这儿玩了！"我吸了一口气，心里哀叹一声："他们父子一定又起冲突了……"

我问先生："他做了什么，让你这么生气？"

先生生气地说："他态度太差了，在外婆家被宠坏了。"

我好奇地问："你怎么会这样想？"

先生说："早上我们进门时，也不见他站起来跟我们问声好。刚刚我请他进来帮忙，他不但没有马上进来，而且进来之后还十分不服气。他在家里不这样，一来外婆家就这样，一定是因为外婆太放纵他了。"

听完先生的回答，我知道他为什么生气了。他来自一个教养十分严格的家庭，在他成长的原生家庭，父母永远优于一切，孩子没有权利发表意见。现在他的儿子并没有像他小时候那般自律，难怪他这么生气。这次儿子真的是"放松"过头了，也许我需要花点心思才能有 happy ending。

我说："如果像你刚刚说的，从此不再让儿子来外婆家，会发生什么呢？"

先生听完我的问题沉默了许久，似乎这个问题不是那么好回答。我知道沉默代表的是思考，他需要一点时间思考。于是我没有催促他，只是静心等待。

良久，先生说：“如果我们真的不让儿子来外婆家，他应该会生气，因为他总说外婆家让他有度假般的放松感觉，而且外婆应该也会不开心。自从外公过世之后，外婆每年寒暑假总是盼着孩子们能来陪自己住一段日子。说实在的，他们兄妹俩来外婆家的时候，我跟你也能稍微放松放松。”语毕，先生又沉默了。我问他在想什么的时候，他说：“这样看起来好像不应该把不让他来外婆家当作处罚他的手段。”

我说：“如你刚刚分析的，孩子来外婆家确实好处多多，但我们也会担心孩子在外婆家太放松，无法得到适当的管教，所以需要好好讨论一下才能做决定。我会支持讨论后的选择。”

先生点点头，脸色好多了。我知道此刻我们夫妻一起在为教养孩子找一个最好的方式。

我接着问先生：“那你想要什么？”

先生一脸不解：“啊？”

我说：“你觉得儿子态度不好，从根本上讲你想要什么？”

先生这才理解我问的：“我当然希望他态度好。”

让我们暂停一下。如果我听了先生的话后找儿子过来告诉他：“你爸觉得你被宠坏了，他觉得你态度不好。”这时儿子可能会有两种反应：第一，他可能会反问“我哪里态度不好？我没觉得啊”，然后生气地扭头就走；第二，他承认自己态度不好，跟我道歉后离开。

焦点解决强调细节，并认为细节是关键。我常常观察到：当大人没有把“抽象的想法”转化成“具体的细节或标准”时，孩子根本不会改变，因为他不知道怎么做。如此一来，大人会觉得孩子“朽木不可雕也”，越发对孩子不满，而孩子则会这样做——“你怎么对我，我怎么对你”。

学过焦点解决的我心里明白“态度良好”是个抽象的说法，孩子不一定知道大人心里在想什么。

于是，我问先生：“孩子怎么做才能让你觉得他态度良好？”

先生说：“嗯……当然就是看见长辈一定要打招呼啊！”

我说：“嗯，那就是一看见长辈就立刻放下手边的事情打招呼，还有呢？”

先生说：“不但要打招呼，还要细心地观察长辈有没有需要帮忙的地方。”

我说：“那就是开口问长辈有没有需要帮忙的地方，或是观察长辈有没有需要帮忙的地方。”

先生点点头。

我又问："还有吗？"

先生说："暂时先这样。"

我想这次先生想纠正的是儿子的礼貌问题，于是找儿子恳谈一番，并把我们的期待跟他具体说明。所幸他虽然仍有情绪，但还是愿意听我说，同时也就他没做好的地方向我道歉。我可以理解，当他没有意识到问题所在时，情绪没那么容易转换。谈完后，我摸了摸他的头。

晚上，我和先生到附近买水果。我们一回到家，儿子就跑过来大声地说："爸、妈，你们回来了。"他还很热心地问："水果重不重，我来拿。"那一刻，我觉得好欣慰。

关注细节的技巧

我从事咨询工作时，经常看见父母对孩子说很抽象的话或是不关注细节，因此孩子总是做不到。孩子没做到时，我们不妨想想是他能力不足，还是我们根本没说清楚，以致孩子没办法做到。

"小明，请你讲礼貌。"

“小明，看见阿姨要问好。”（适用于小学高年级以上。）

“小明，看见阿姨时要说‘阿姨好’。”（适用于小学中低年级以下。）

以上三种表达，第一种明显更抽象，后面两种明显更具体，更关注细节。

家长跟孩子对话时要有耐心。许多家长听孩子说话时往往因为太急切而打断孩子，或是只听一点儿就很快下结论。没有正确的态度引导，不关注细节，怎么带领孩子走上一条正确的成长之路呢？

所以，再一次提醒家长：细节是解决问题的关键！

即学即用

试想一下，孩子某次数学考试考了85分，你会如何跟孩子沟通这件事呢？可以按照下面的步骤跟孩子深询相关细节。

一、先觉察自己当下的心情。

二、询问孩子在考试前做了什么。（请带着Not-Knowing的态度聆听孩子。）

三、询问孩子在考试中做了什么。（请带着Not-Knowing的态度聆听孩子。）

四、询问孩子是否对这个分数满意。

五、跟孩子讨论：如果下次考试想考出更好的成绩，他可以做哪些准备工作？请他说出三种。

第 3 天

不要走进“死胡同”
——任何时候都要看见事情的不同面

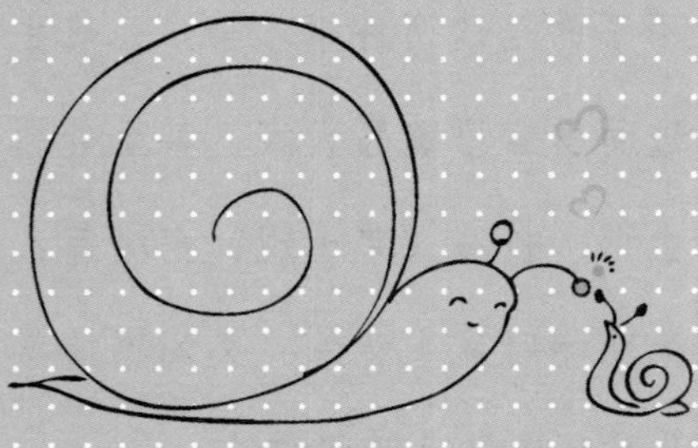

SFBT认为任何事情不只有一面，这个道理我们也知道。老子说“祸福相倚”，但很多人只能看到祸，看不到福。SFBT认为，我们可以看见一个问题的不同面时，就可以看见被我们忽略的那一面。这可以引发不同的情绪反应，让我们做出不同的回应。

案例分享

苦恼的尧尧

尧尧上初中时，他的班主任是一个比较神经质的女老师。这个女老师很怕脏，并且对味道很敏感。同时，她较为偏心女孩，认为女生总是比较乖、比较好带，而男生都顽皮得像猴子一般，因此她对班上的男孩除了说话比较不客气之外，也有诸多要求。

据尧尧说，班上同学最受不了的是这两件事：第一，班主任经常拿他们班跟别的班比较，进而用言语羞辱大家，甚至处罚犯错的同学，比如一整天都站着上课、抄写《弟子规》全文等；第二，班主任因为怕学生下课后抢球场时发生意外，又闻不惯学生打完球之后身上的汗味儿，所以不允许学生课间打球。

尧尧因为这个班主任的管教常常处于暴怒状态。他常常跟班主任顶嘴，每天中午几乎都不能午睡，因为要到训导处罚站。他每天回家后情绪都不好，不是生气到哭个不停，就是花许多时间埋怨班主任，之后才开始写功课。

尧尧的初中生活令妈妈伤透脑筋，她经常接到班主任的抱怨电话，她不仅要不断地处理尧尧的情绪，有时还得去学校跟班主任沟通或为孩子跟她赔不是。尧尧的妈妈甚至跟我说，她针对尧尧与班主任的问题咨询过几位老师，这几位老师跟她说，尧尧最好转学，不然这种状况对他的学业以及成长都有不利影响。

尧尧的妈妈在咨询室跟我说：“陈老师，我对孩子的成绩没有任何预设，也不觉得功课好的孩子才是好孩子，但我会要求孩子上课专心听讲，下课把老师规定的功课写完，认真对待考试。这些我将之视为责任感。我更在意的是孩子的人格是否健全，同时也担心孩子的情绪发展。”她希望我可以和尧尧讨论转学的事情。

我本以为尧尧十分乐意转学，不料他竟然不愿意。我跟他约定，下一学期我们再讨论他要不要转学。

到了下一学期，尧尧跟我说，虽然他讨厌这个班主任，但他喜欢班上的同学，他真的不想转学。于是，我俩约定，如果不想转学，那就要做到一件事：别在课堂上跟老师顶嘴，有任何事情都可以私下跟老师讲。

尧尧问我："如果我功课好，她（班主任）是不是就不再找我麻烦了？"我没办法确定这一点，但我可以确定的是，如果尧尧功课变好，而且他愿意收敛自己的行为，班主任肯定不会一直盯着他。

我没想到，当尧尧因为班主任的不友善与瞧不起而将满腔愤怒化为读书动力时，他的成绩竟大幅提升。当他成绩转好，班主任也不再将他视为眼中钉。尧尧因为功课提升而变得十分自信，连续当选三好学生，最后考上理想的高中。

现在的尧尧谈到这位班主任时仍然满心不悦，但他也承认，若非当时一心想要改变他在班主任眼中的样子，他也不会改变自己的行为而收获后来甜美的果实。这正所谓"塞翁失马，焉知非福"。

我发现，若我们能在生活中培养看见事情不同面的能力，问题就比较容易解决，我们也不会只将眼光局限于问题之中，每天都会比较愉快。

案例分享

我的孩子究竟有没有 ADHD

我的好友小嘉有一天非常生气地打电话给我，她说老师请她带刚上一年级一个多月的儿子伟伟去看儿童心理科。老师跟小嘉说伟伟上课时不专心，而且常常丢三落四，因此他怀疑伟伟有注意缺陷多动障碍（Attention Deficit and Hyperactive Disorder，ADHD，俗称多动症）。

小嘉很生气地问我：“如果是你，你会带孩子就医吗？”

我想了一下，先共情了小嘉生气与担心的心情，让小嘉说了些对老师的抱怨。

然后，我跟小嘉说：“如果是我，我会带孩子去看医生！”

小嘉惊讶地问我为什么，我缓缓地跟小嘉说：“孩子在家里和学校的表现本来就不一样，何况伟伟是独生子。父母没有参照比较对象，而学校的老师每天至少要面对二三十个孩子，比较容易看见家长平常没看见的问题。这是我会带孩子就医的原因。”

小嘉又问我：“可是伟伟平常在家很专心啊，他一个人玩手机玩一小时都不厌倦，怎么会有多动问题呢？而且，如果我们就医后，医生诊断伟伟没问题，那不是很浪费时间吗？”

听了小嘉的话，我知道这源于家长对ADHD十分普遍的迷思与误解，于是我跟小嘉说：“有ADHD的孩子并不是不专心，他们在做自己喜欢的事情时很投入。”

嘉义长庚医院精神科主治医师陈锦宏指出，有ADHD的孩子大脑有50%的区域发展较慢，调控行为动机的中枢发展得也比较慢，因此这类孩子做事情的动机相对较弱。研究显示，患儿在专注力、组织规划能力、冲动控制能力、动机形成等方面发展不成熟。ADHD患儿的专注力相对较差，但对于自己感兴趣的刺激性活动，特别是刺激强度大、短时间内刺激丰富的活动，如打电子游戏、看电视等，他们可以十分专注。

我跟小嘉说：“那不是正好吗？如果医生觉得孩子没问题，老师就不用担心孩子有生理问题，反而会想办法让孩子对学习更加专注。再说，排除了这个问题，你不是也比较安心吗？”

小嘉这时态度缓和了许多，似乎不再那么生气，有些迟疑地问我：“如果，我是说如果啦，伟伟真的有问题，那怎么办？”

身为家长，我理解她的担心，跟她说：“其实伟伟如果真的有多动的问题，你也别担心。若能早期发现，早期治疗，ADHD可在青少年时期得到缓解。”

电话那头的小嘉说：“这样啊，那我就放心了。”

如何看见一件事情的不同面

一、接受

当事情发生时，请先暂时接受。你可以接受已经发生的事情时，才有机会与问题共存，才有机会做出改变，从而突破困境。

二、换个角度看问题

例如，当孩子遇到不喜欢他的班主任时，不要只关注班主任的不当行为，也要看见班主任看似不当的行为背后有什么，以及孩子借这个机会可发展什么样的能力。

三、看见事情的不同面

我们要学会这样思考：通过目前的困境，我们能学到什么？这样，我们才有机会看见事情的不同面。当我们能够看见事情的不同面，才有机会做出不同的行为，做出合理的抉择。

即学即用

当你和孩子发生冲突时，你应该怎么应对？可以参考以下思路。

一、导致冲突的事件是什么？

二、你觉得孩子为什么没做好？或者，孩子让你生气的部分是什么？

三、在这件事情上，孩子有做得好的部分吗？一点点也可以。

四、在这件事情上，你学到了什么？

第 4 天

不可小觑的逆向思维
——换个角度，也许问题更容易解决

案例分享

总是不露面的单亲爸爸

明华是一名十分认真的咨询师，在某学校负责小学阶段孩子的心理辅导。一次，他找到我，想让我帮他找到他的学生小海的爸爸。

小海生长在一个单亲家庭。据小海跟老师说，他没见过妈妈，从他记事开始，家里除他之外，只有爸爸和婆婆。在小海上小学中年级以前，婆婆还能接送他。后来，婆婆年纪大了，再加上某次不慎跌倒之后，行动十分不便。小海爸爸因为生计，常年在外开大卡车。于是，小海只能一个人上下学，每天放学后还得赶回家照顾行动不便的婆婆。

明华一脸心疼地向我诉说小海的家庭背景。

明华跟我抱怨，他无论什么时间跟小海的爸爸联系，都联系不到他，更别说跟他面谈小海的事了。他说他花了一个多月时间联系小海爸爸，只打通了一次电话，然而在他尚未说明来意之时，小海爸爸就以正在开车、不方便接听电话为由挂断了电话。

我询问明华："你想找到小海的爸爸，一定有一个重要的理由，那是什么呢？"明华跟我说，他觉得小海在学校有些退缩，常常闷闷不乐，因为要照顾婆婆有时候甚至不来上学，有辍学的可能。我又进一步问明华，如果找到小海爸爸，他最想跟小海爸爸谈些什么。明华说，他发现小海是一个很善解人意的孩子，但因为功课不是很好，所以略显自信心不足，他希望小海爸爸多赞美小海，帮助孩子提升自我价值。

眼见我们的谈话又快要循环到明华原本的烦恼时，我立即问明华："如果你找小海爸爸的主要目的是希望他多称赞小海，那除了他谁还可以做这件事呢？"

明华不解地问我："陈老师，家长不是影响孩子最多的人吗？"

我回复明华："家长当然是影响孩子最多的人，但若是一直找不到小海爸爸，这件事情就会一直被耽搁。"

明华眼睛一亮，问道："陈老师，如果一直找不到小海的爸爸，就不要再执着于找他，而是看看谁还可以鼓励小海，让他更自信，您的意思是不是这样？"我赞许地看着明华，问他是怎么立刻抓住我的意思的。他不好意思地抓抓头发说："没有啦，我只是忽然觉得自己有些陷入无谓的执着中了。刚刚经过您的一番引导，我发现找到小海的爸爸固然重要，但我也应该换个角度，毕竟小海的成长更重要。”明华接着呼出一口长气说：“这可就简单多了呀！”

紧接着我问明华，哪些人也可以帮到小海呢？明华说：“小海的班主任、各科老师，学校的教导主任、校长，当然还有我！”最后，明华带着满满的自信，开心地回学校帮小海了。

案例分享

想当偶像练习生的千千

这几年，想当偶像练习生的孩子不计其数，因此总有家长向我咨询相关问题。

千千是一个可爱的女孩，很小的时候就显露出了唱歌、跳舞的热情，父母也曾将她送去培训学校学习舞蹈。慢慢地，长大后的千千想把跳舞当作自己的事业，甚至瞒着父母偷偷参加偶像练习生的面试。父母觉得千千在这个年纪应该好好读书，至少要完成大学学业。千千告诉父母：“哪有练习生是大学毕业的，那就太老了，会失去成团的大好机会。”

十分苦恼的千千父母经人介绍，来到我的咨询室。我跟他们分享了小小年纪想到法国留学的丹丹的故事。丹丹刚上初中就想独自到法国学做甜点，丹丹父母很担心，通过咨询，最终协助孩子，找到更好的解决此问题的方式。

千千的父母极有慧根，在听我说完丹丹的故事后问："陈老师，您想表达的是不是不要一听小孩说出不现实的话就立马否定，而是要把孩子的表达当成和孩子合作的机会？"我立马想到一句话"每个人都是解决自己问题的专家"，于是对他们的发现加以赞美与肯定，并进一步引导他们回去后科学地与孩子对话，协助孩子。

在这个过程中，如果父母不但能看见一件事情的负面影响，也能够看见正面影响，会有意想不到的收获。我发现，父母能看见一件事情的不同面时，情绪会比较稳定，亲子沟通的空间就会出现。如此，父母才不容易跟孩子起冲突，才能够对孩子加以正向引导。孩子在经历各种事情之后，往往会发现理想与现实的差距，自然会对自己的行为进行修正。若父母一味地担心孩子，觉得孩子没有现实感而大加反对孩子，不但会伤害亲子关系，也会剥夺孩子追求梦想的权利。

每一件事情都有另外一面

我讲课过程中常让父母练习不同的思考方式，尽力让他们理解没有一件事只有负面意义。面对一个教养难题时，我会先让他们分享“一开始的想法”。他们分享完之后，我会请他们想想“有没有其他可能”。

例如，孩子回家后跟父母说，他这次考试没考好。对于这个事件，我会先请大家说一说，听见孩子没考好后，当下会有什么想法。家长们七嘴八舌地告诉我“他怎么这么粗心”“让他好好复习，他不听”等。能够说出自己的第一想法，也是对自己的一种接纳。

然后，我会请大家换个角度思考，孩子考不好有没有别的原因。大家会仔细思考，然后他们说：“会不会是因为这次考试很难？”“会不会是因为孩子太在意反而没考好？”“会不会是因为他那时肚子痛？”“会不会是因为他太紧张了？”等等。能够想到（说出）其他可能性，表示父母能共情孩子。

经过这样的思考之后，大家不仅能觉察到自己的预设立场，而且能看见事情的不同面，而一旦能看见事情的不同面，家长的情绪就会比较安稳，沟通空间就会出现，就不容易跟孩子起冲突。

我们只关注问题时，很容易困在事情的表面。我们如果能跟自己说“是的，我目前看到的应该只是事情的一面”，并且能够换个角度思考，也许能找到行得通的路。

我女儿参加高中会考时，因为太紧张没考好。她说会考前一共参加了 6 次模拟考，她每次考得都很好，在这些考试中，会考是她考得最“烂”的一次。当时的她非常难过，连续哭了好几日，甚至觉得自己整个人都不好了。我陪着她丧气了几日，接纳了她所有的负面情绪。

一日，她忽然请我陪她去买英文单词本，我很惊讶地问她：“怎么忽然想买英文单词本？”她告诉我，这几天她觉得很难过，但因为有妈妈的陪伴，她觉得不应该再如此难过，毕竟难过也不会改变没考好的事实，不如化悲愤为力量，赶紧开始背单词。

正在阅读此书的你发现了吗？原来，接纳当事人的情绪，就能帮助他“换个角度思考并找出解决方案”。我建议你也试试。

愿天下父母的心都能得到稳定的安放空间，愿天下的孩子都能得到父母的理解与支持。

即学即用

即学即用一

回想一件曾经让你十分痛苦或不开心的事情，然后按照以下思路复盘。

一、那是一个什么样的事件？

二、当时，你的第一想法与感觉是什么？

三、换一个角度思考，这件事的发生有没有其他原因？请写出 3 ～ 5 个可能的原因。

即学即用二

孩子答应你一回家就写功课，但他回家已经 10 分钟了还没动笔。你会怎么办？请按照以下思路思考。

一、你当下的想法是什么？

二、你认为孩子为什么会有这样的行为？

三、你会怎么处理这件事？

第 5 天

关键在于解决
——比起探讨问题，解决问题更重要

面对各种困难或烦恼时，我们常将注意力放在“为什么”上。例如，面对孩子成绩退步了、脾气变差了等时，我们总会想孩子为什么会这样。这样想其实没有什么不对，我们接受的教育就是要我们“追根究底”。然而，许多时候不能只关注“为什么”，还得关注“怎么办”，才能妥善地处理问题。

案例分享

我们来谈谈吧

前两个月我和先生的关系降至冰点，我之所以这样说，是因为一向聊天聊个没完的我们，单独吃饭时竟然无话可说。这样的无话可说并不是我们真的没有话题可聊，而是我们都觉得我们很容易在聊天过程中发生冲突，甚至吵起来，所以默认不交谈就不会发生冲突。无论如何，这样的互动让我们很不舒服。

一天，先生主动跟我说：“我觉得咱们最近相处有点冷，要不要谈一谈？”我马上答应，同时也很感谢他起这个头，愿意向我抛出橄榄枝。

先生问我：“这一阵子我俩相处得不太好，你觉得原因是什么？”

我听到这个问题时，真是千头万绪。我想到许多不愉快的话题，如对于孩子的教养、与公婆的相处等。这次是先生起头，我不妨先了解一下他的想法。于是，我以问代答地询问他：“你觉得呢？”

先生露出有点委屈的表情，哀怨地说：“你这一阵子一直扣我的分。”

我听见这个回答时，本想跟他探讨两件事。其一是我没有主动扣他分，其二是就算我扣他分，也是因为我们不愉快的互动。当这样想的时候，我忽然惊觉自己开始“预设立场”了，于是我想起SFBT 教我的“与其找原因，不如把注意力放在解决上”。由此，我把即将说出口的话改成：“那我找两个本子当加分本好吗？”

先生马上就同意了。我们约定每周交换一次加分本。

过了两周，我俩的感情迅速回温，不得不说加分本功不可没！

不要执着地寻找原因

“事出不一定有因”，把注意的焦点放在问题解决上，能够帮助我们厘清头绪。有些人很不习惯这样的思维方式，因为他们长久活在因果思维中，习惯在遇到问题时将注意力放在“为什么会发生”上。

我女儿三岁半时，同时被诊断有弱视和扁平足，当时我难过得哭了出来。我好不容易得偿所愿生了个女儿，想把她当成公主般打扮（扁平足必须一直穿矫正鞋），这下该如何是好？

我当时一直问眼科医生：“我是高度近视患者，所以是我‘害’了我的女儿吗？”眼科医生跟我说：“弱视不会遗传，所以你女儿的弱视应该不是你造成的。她有弱视是事实，赶快矫正吧。”在医生、我和女儿的共同努力之下，她在五年级下学期成功卸下了弱视眼镜。

如果当初我一直执着于找原因，很容易耽误黄金矫正期，不如接受事实，把注意力放在“解决问题”上。我后来知道，女儿的扁平足可能是爷爷遗传给她的，难道我要因此怪罪爷爷吗？显然不能。所以，有时即使知道问题的症结也无助于解决问题，倒不如将时间花在解决问题上。这并不是否定探寻问题成因的价值。例如，孩子没考好，父母很自然地想要探究“为什么”，到底是孩子练习不够，还是太粗心，或是有别的原因。父母应一边找问题的原因，一边将更多的注意力放在“怎么办”上。双管齐下，更容易解决问题。

常有家长跟我抱怨，孩子常偷玩手机，更有孩子偷偷躲在被窝里玩，不但影响学习，还把眼睛弄坏了。针对此种问题，家长往往非常生气，但若是将孩子的手机没收，免不了引起家庭冲突。其实，重点是解决“偷偷玩手机”这件事。孩子玩手机有千百种原因，若要先找到原因再解决问题，恐怕太耽误时间。例如：有的孩子自己不会主动玩，但看见同学玩就一定会玩；有的孩子看见父母回家后都抱着手机玩，所以也理所当然地想玩手机；有的孩子则是已经到了玩手机成瘾的地步，不玩会出现戒断症状；有的孩子没有学习目标，只能如痴如醉地玩手机，填补心理空虚；等等。

所以，若一直把注意力放在找原因上，真的不利于解决问题。只有化暗为明，与孩子好好地谈可能对他产生的影响，并找到一个平衡点，才能真正解决问题。

把注意力放在解决问题上

我在从事焦点解决训练时，常常给学员设计两组问句，让他们以自己的困扰为主题，两两一组，一人当困扰者，一人当倾听者，做练习。

第一组问句（problem focus问句）

1. 你最近有什么问题?

2. 怎么会发生这种事?

3. 你这个困扰持续多久了?

4. 什么时候最严重呢?

5. 怎么到现在还处理不好?

第二组问句（solution focus问句）

1. 如果以 10 分制来衡量你对生活的满意程度，你会给自己的生活打多少分？为什么?

2. 什么情况下你会对生活感到比较满意？那是什么样子?

3. 我可以帮你吗？还有谁能帮你?

4. 你取得进步时，谁会为你感到开心？他会跟你说些什么?

5. 为了解决问题，你可以做的第一小步是什么?

扮演倾听者的学员反馈，在进行第一组对话时，困扰者似乎越回答越烦躁，很容易把重点放在困扰上。反之，在进行第二组对话时，困扰者回答相对较慢，但眼里更有神，也更愿意谈下去。

虽然通过谈话能够将问题捋清楚，但是抽丝剥茧的过程会让被问话者有被审视的感觉。

这也许不见得能够完全解决困扰者当下的困扰，但会帮助他们看见有别于困扰的不同面，让他们感觉到问题没那么糟心，更愿意面对，并且能感觉到支持与陪伴。由此，他们才可以解决自己的困扰，或者减少自己的困扰。

这些技巧也可以应用在生活中。归根结底，第一组问句是“problem focus 问句”，也就是将注意力（焦点）放在问题的探讨上；第二组问句是“solution focus 问句”，也就是将注意力（焦点）放在解决问题上。

这两组问句不存在哪一组问句更好的问题，其实它们各有功能和优势。我常告诉学员，这两组问句各有优势和缺点。

第一组问句的优势是，经过有脉络的思考，可以厘清事情的来龙去脉。其缺点是，过于关注“为什么”，从而容易被问题困住。

第二组问句的优势是，可以让被困住的人看见自己的力量与资源，进而产生希望和行动力。因此，可以同时使用这两组问句，而不是将注意力只放在“找成因”上面，从而错过“解决问题”的机会。

SFBT 更重视“现在可以做什么”，而非“导致目前状况的缘由”。如果我们把思考的焦点放在问题本身，可能得到更多衍生问题。

你越关注什么，你越能得到什么。记住，问题不是问题，面对问题的不良态度才是问题。将注意力放在对的地方，才能将行动力放在对的地方，才能解决问题。

即学即用

孩子某次考试成绩不理想，你会怎么办？

请不要直接问孩子“为什么”，而是与孩子一起按照以下方式进行思考与讨论。

一、询问他对这样的成绩是否满意。

二、如果他不满意，什么样的成绩会让他满意？

三、为了考取满意的成绩，他可以做些什么？

四、为了实现目标，他可以做的第一小步是什么？

五、爸爸妈妈如何才能帮到他？

第 6 天

所谓舍得，有舍才有得
——面对困境，要学会断舍离

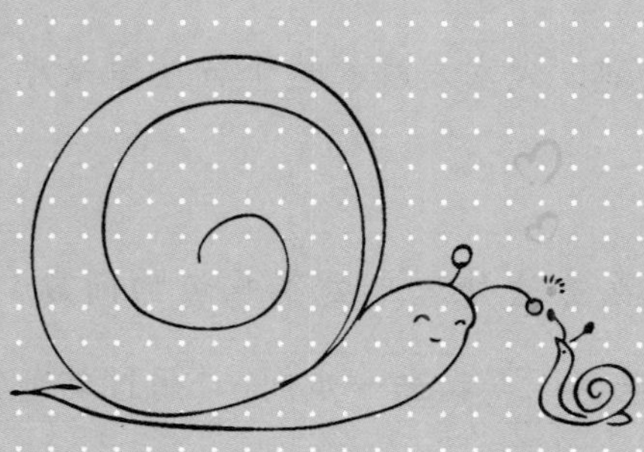

我在工作或是生活中常发现，很多事情虽然会给我们带来困扰，但因习惯使然，我们很容易得过且过。SFBT 告诉我们，不要执着于无效的方法，一旦发现当下使用的方法无效，要马上换别的方法。

案例分享

爱吃零食、不爱吃饭的小爱

在教养子女时，很多父母常常运用无效的方法。

有一次，我上课时，嘉嘉向大家抱怨，现在的小孩很小就有自己的主意，挑三拣四，啰里啰唆，超级难教！她三岁多的女儿小爱自小喜欢吃零食，不爱吃正餐，每次吃饭时都是痛苦万分，想尽办法逃避。刚开始时，大人总是苦口婆心劝她，连带再三哄骗，才能让她将饭吃完。慢慢地，大家发现，这个方法越来越不好用。

我问嘉嘉："你现在用什么方法处理小爱不吃饭的问题？"嘉嘉回答我："就是跟她讲道理啊！"我进一步问："用过其他方法吗？"嘉嘉说："我试过把汤匙当成小飞机，我们一边玩一边吃，但这样陪小爱吃饭真的很累。所以有时候我就不理她，她不吃就不吃吧。等她要吃的时候，我再煮新的食物。”

旁边的小宁这时候忍不住说道：“嘉嘉，你不能由着小爱，难怪她不好好吃饭。”嘉嘉有点生气：“这样也不行，那样也不行！不然呢，要打她吗？”这时所有的家长都出声制止嘉嘉。

眼看现场要失控，我连忙跟大家说：“嘉嘉为了小爱吃饭的问题挺烦恼的，大家都想帮嘉嘉。我们一起来看看嘉嘉用了哪些方法。”我同时对嘉嘉说：“请你针对每个方法的有效性进行打分好吗？越有效的方法，分数越高。”

大家点头说好。我们一起盘点嘉嘉用过的方法，而嘉嘉一一对我们盘点出来的方法进行打分。

之后，我问嘉嘉有什么发现。嘉嘉说：“我发现确实不能由着小爱，这个方法似乎最没效果，但我好像常用这个方法。我以后不这样了。”大家都赞许地看着嘉嘉。

就在这个时候，嘉嘉忽然说：“我姐姐曾经跟我说，小孩若不吃，就把餐食收起来，同时不提供白开水以外的食物。如果孩子喊饿，就把之前没吃完的饭拿出来加热给他吃。这样，孩子以后才能好好吃饭。我以前觉得很残忍，不忍心这样对小爱。老师，这样做算不算虐待儿童？”

我知道许多父母在管教过于严格与纵容之间有迷思，对于适当教养有困惑。我需要先让家长有正确的观念，于是我跟大家说：“嘉嘉有这样的担心其实很正常。如果到了吃饭时间，不给孩子吃饭，当然算是一种虐待行为。嘉嘉有这样对待孩子吗？”

嘉嘉：“当然没有！相反，我每天都在想煮什么给小爱吃。”

我：“你为了孩子的用餐费尽心思，真令人感动！”

嘉嘉不好意思地说：“谢谢老师的赞美。我的外甥吃饭没这个问题，想必姐姐的方法有效。嗯！也许我该试试。我不能再继续纵容孩子了。”

我带着肯定的眼神看着嘉嘉：“你能想到其他的做法并愿意尝试，这是一件很棒的事！”我和其他家长一起给嘉嘉鼓掌。

基于嘉嘉的例子，我想起我家女儿小时候不喜欢吃饭而喜欢吃零食的往事。我开始时想，若是增进自己的厨艺，应该可以改善这种状况，但效果不好。后来，我想起 SFBT 的思维方式，决定换个方法试试。

我对当时不满三岁的女儿说：“吃完饭是你的责任。如果没有吃完饭，除了喝水，你任何东西都不能吃。在你吃饭的时候，妈妈会尽量陪着你。”女儿刚开始时当然不依，曾经生气地在地上打滚，发现我不为所动之后，才开始好好吃饭。

常有家长咨询孩子吵架的问题："现在的孩子很会争宠，嫉妒心很重，只想要爸妈疼自己，很是自私。"上课时，我问家长怎么处理孩子之间的"战争"，大家忙不迭地说："就是叫大的让着小的。""大的本来就要照顾小的，怎么能跟弟弟妹妹计较？""小的也应该尊重大的，怎么能一直争个不停、吵个不停？""把乖的那个带出去，看他们怎么吵！""就讲道理给他们听啊。""训话！"等等。也有家长采取更激进的方法："把他们都打一顿，他们就不吵了。"我问家长们这些方法有用吗？他们说："这些方法里面没几个有用。"

案例分享

如何养出手足之情好的孩子

我家两个孩子也免不了常出现"战争"。我仔细想了想，我家儿子从来不会觉得我和他爸爸偏心。我记得他在小学快毕业时语重心长地劝我跟先生："你们都太疼妹妹了。"他像个小大人似的提醒我们不可以把妹妹宠坏，但在我问他是不是觉得我更喜欢妹妹时，他摇摇头说："没有！你爱我们，只是爱的方式不一样。"听到他的回答，我感到非常欣慰。因此，每当我听到父母抱怨孩子之间常发生争吵时，我都会思考到底我做对了什么。我想有几个方面大家可以参考。

其实，我们在女儿出生之前就做足了功课，不断告诉儿子：“你永远都是我们的宝贝，而妈妈肚子里的这个小孩是你的宝贝。”所以，儿子在女儿出生前，在我不断催眠之下有了许多责任感，甚至在妹妹一岁多的时候，就会为她洗澡。

平时，他们两个吵架，只要没有打起来，我都不会介入。他们就算打起来，我也只是把他们分开，并不会特别偏袒哪一个。我们家人从来不会告诉老大：“你比较大，你要让着小的。”我们也不会期待哥哥一定要照顾妹妹。当然，如果他愿意照顾妹妹，我和他爸爸肯定会心存感谢。

另外，我发现如果要破坏手足感情，最快的方法就是连坐法。我们家从来不使用连坐法，除非他们两个一起犯错，否则“个人犯错个人担”。我们也极少当孩子的仲裁者，因为孩子在玩的过程中，本来就很容易发生争吵。

有些家长或大人在小的出生之后，会一直告诉大的，小的很需要照顾（似乎这个小的是大的的责任），搞得大的不但要面临失去父母之爱的威胁，还多了很多责任和压力。

有一个父亲曾经询问我，他儿子的反应是否很奇怪。细问之下，我才知道这个家庭刚有了一个小宝贝。所有去看小宝贝的人都会对老大说："恭喜你，你当哥哥了，以后就是大哥哥了，要照顾好弟弟！"这搞得老大后来只要一见到访客就大叫："我不是大哥哥。"孩子承担了太多压力，有这样的反应也正常。需要做出改变的是大人。孩子之间的冲突和游戏，有助于他们社会能力与社会情绪的发展。请试着参照上述方法处理孩子之间的问题，你会发现孩子之间并没有什么大问题。

教孩子学会说到做到很重要

许多父母批评拖拖拉拉的孩子。有家长总威胁赖床的孩子不会叫他起床，却因担心孩子迟到而每天叫他起床，从而陷入恶性循环。基于 SFBT 的思维，如果现在使用的方法有效，要继续使用。也即，当父母可以说到做到时，孩子自然会遵守。若父母无法说到做到，聪明的孩子自然会耍赖，从而陷入恶性循环。

若父母总是使用无效的方法（例如打骂）处理孩子的问题，更是无益。其实，若能在与孩子相处的过程中，将焦点放对，放在问题解决上，可节省不少时间，也可减少亲子摩擦。

即学即用

若发现孩子老是赖床，请试着使用上面的方法来帮助他，并将过程记录下来。具体可参照下面的步骤思考。

第一步：你曾经用过哪些方法处理孩子的赖床问题。

第二步：将所有使用过的方法列出来，并按照有效性一一为它们打分。

第三步：分辨哪些方法更有用。

第四步：多试试分数较高的方法。

第五步：也可以请教别人，看看别人是怎么处理孩子赖床问题的，并参考使用。

第 7 天

神奇的“重新建构”
——引导孩子看见同一件事情的不同面

重新建构是SFBT一个非常重要的概念，建构指的是一个人看事情的角度。SFBT认为凡事都有不同的面向，多数事情都有正反两种意义。父母能够看见事情的不同面向，才能好好处理事情而不被其引发的情绪所困扰，引导孩子看到事情的其他面向，拓展思考的角度，进而引发不同的行动。

案例分享

苦恼的小政

小政上小学三年级，从小生活在单亲家庭。这个学期，妈妈无法接送他，他每天都要独自走路15分钟去学校，开学不到一个月已经迟到好几次。老师很着急。除此之外，小政还常常因为肚子痛、头痛等请假。老师找过他妈妈，妈妈总是含糊其词。老师很担心小政，因此请我跟他谈谈。

我和小政第一次见面，他就热情地表示喜欢我。他会讲笑话给我听，变魔术给我看，甚至和我聊“鬼怪”“魔法”等话题。我问他，他看相关节目或影片时有没有大人陪同，他摇摇头，并说常常一个人在家看电视看到睡着。前两次咨询，我们在谈论笑话、魔术和恐怖电影中度过。每次我要离开时，小政都会依依不舍地问我可不可以明天就来找他。我想，小政是个热情又寂寞的孩子。

第三次咨询时，待小政讲完笑话、变完魔术后，我问他可以请教他问题吗。小政非常爽快地点点头，同时还跟我说：“无论你有什么问题，我都会帮你解决，你问我就对了！”我先谢谢小政，然后缓缓问他这一周都是几点到学校的。我很关心他是否准时上学。聪明的小政马上明白，我要跟他谈他的行为问题。他说：“陈老师，我会乖乖上学，你不要不喜欢我。”

我一方面惊讶于小政的敏感，一方面也十分心疼这个孩子。我对小政说：“老师只是想知道怎么可以帮到你，所以我不会因为你做什么就不喜欢你、就不来看你。”我希望通过这样的“保证”让他安心跟我谈话。

我问小政：“我一问你上学时间，你就马上跟我说你会好好上学，这是为什么？”小政说：“老师说要准时来上学，不迟到才是乖宝宝。”我先赞美小政记住了老师说的话，也赞美小政想当乖宝宝。

他此时看起来没那么紧张了。我又问：“所以你上学的情形如何？”小政露出不好意思的表情：“我常常迟到。”我牵起小政的手，想给他一点安全感："小政，你之所以迟到，一定有一个重要的理由，那是什么？"小政缓缓对我说："老师，我不喜欢上学，我觉得上学有好多压力。"

听了小政的回答，我思索着，他是个早熟的孩子，才上小学三年级就很有压力。我想知道他的压力究竟从何而来，于是问他："请你说出一到三件让你有压力的事，好吗？陈老师愿意陪你一起解决。"他点点头："老师，每次分组，都没有人愿意跟我一组。每次回到家，我都写不完作业，所以常常被老师骂。"我问小政想先解决哪一个，他说想先解决分组的问题。

我问小政分组时是否用过什么方法找队友，小政摇摇头说，他从来没有主动问同学是否愿意跟他一组，只是默默等待同学来找他。小政有点难过地说："我觉得他们好像不喜欢我。"我问小政："你下课后通常做什么？"小政说："当然是出去玩啊！"我问小政是跟别人玩还是自己玩？小政不解地看着我说："当然是跟同学玩啊，自己玩又不好玩。"

于是，我跟小政说，关于他的分组困扰我有一个新发现，并问他想不想知道。小政兴奋地说"好"。我看着小政说："小政，我觉得同学可能没有不喜欢你，因为下课时有同学跟你玩。如果他们不喜欢你，就不会跟你玩。"小政有点困惑。我继续说："小政，你们下课后都玩什么？”小政说：“跑步、鬼抓人、学校的各种器材……我们什么都玩。”我问小政：“你觉得他们为什么喜欢跟你玩。”小政摇摇头，表示不知道。我说：“我喜欢跟你玩，因为你会讲笑话，也会变魔术。你玩游戏的时候也会遵守规则。”小政听到这里，眼睛忽然亮起来。他兴奋地跟我说：“好像是，同学也说我很有趣。”

我想，小政已经被我带领着看到事情的不同面，同学没有不喜欢他。凭我的经验，他不觉得自己的人际关系有问题的时候，便有能力解决分组的困难。我问小政：“分组时，你更想跟什么样的同学一组呢？”小政说：“我希望跟学习好或会合作的同学一组。”我问：“那要怎么知道这些呢？”小政说：“当然是看平时的表现啊。”我见机不可失，于是问道：“如果你平常很少来上课，同学怎么知道你的表现？”小政马上回答我：“是啊，我多来上课，同学才更了解我，才愿意跟我一组。”我赞许地摸摸小政的头，同时进一步问：“如果现在正面临分组，你觉得做些什么才能帮助自己找到队友呢？”小政有些不确定地说：“我也许可以去问同学，要不要跟我一组。”我一方面赞美小政会自己想办法，一方面鼓励他可以先试试看，之后再回来跟我讨论。

后来，老师告诉我，小政上学的状况好了许多，在课堂上会主动回答老师的问题。

重新建构的意义与功能

重新建构是 SFBT 的一个很重要的技巧。基本上事情不会只有一面，我们要有不同的看问题的角度，要看到孩子的特质、优点、动机、努力，引导他看见事情的其他面，进而拓展思考能力，引发不同的行动。重新建构的另一层意义是，我们了解了孩子描述的事情后，可以通过重新诠释，赋予正向的意义，让孩子看到事件本身的正面价值，进而引发新的解决方案或是行动。

在小政的例子中，我使用了“重新建构”。我帮助小政看到自己并不是没有人喜欢。小政重新建构了自己的问题之后，将注意力放在解决上（让同学看见自己的能力）而非困难上（没有人跟他一组），如此不但可以提高小政的自我价值，还可以解决他的问题。

使用重新建构的注意事项

重新建构的第一步是专心聆听。建构指的是一个人看事情的角度，重新建构等于换个角度看问题。这其实并不容易，因为孩子面对困难或问题时往往容易“卡顿”。若是父母在这个时候很快地给出建议，不但很容易进入说教模式，同时也会让孩子觉得父母并不了解自己。例如，孩子没考好，父母一味地跟他说“这代表你学习不努力”。道理虽然没错，但孩子遇到挫折的当下最需要的并不是建议，所以这样做很容易让孩子翻白眼，无论父母说的道理有多正确，孩子都不会买账。

在重新建构前必须很专注地聆听孩子对某件事情的看法，而非很快地跟他说事情的另外一面。这样做不但可以避免孩子认为你在说教或安慰，还可以让孩子在这个过程中整理发生的事，提升解决问题的能力。

还有，加入新观点时要做到温和、不强迫，而且要在聆听、充分了解之后才加入新的观点。当你想引导孩子以其他角度思考时，记得给孩子自主权，让他自己决定是否要接受不同的观点。父母可以这样说：“我听你刚刚说……我有一个想法，你愿意听吗？”而不是直接告诉孩子：“你应该……”

也即，父母必须先知道孩子是如何看待某件事情的，在做到尊重、倾听而不评论后，再加入新的观点。这样才容易引导孩子重新建构！否则，就算父母的观点再好，孩子也无法接受。

即学即用

某天，孩子回家后告诉你当天发生了令他不开心的事。比如，孩子哭着跟你说他心爱的玩具不见了。请试着这样做，并做好记录。

一、通过深呼吸安定自己的情绪。你的感受是怎样的？

二、问问孩子如此难受的原因，孩子的回答是怎样的？

三、问问孩子，在这件事情上，他损失了什么？孩子的回答是怎样的？

四、问问孩子，在这件事情上，他可能会得到什么？孩子的回答是怎样的？

第 8 天

世上没有理所当然
——任何时候，都不要预设立场

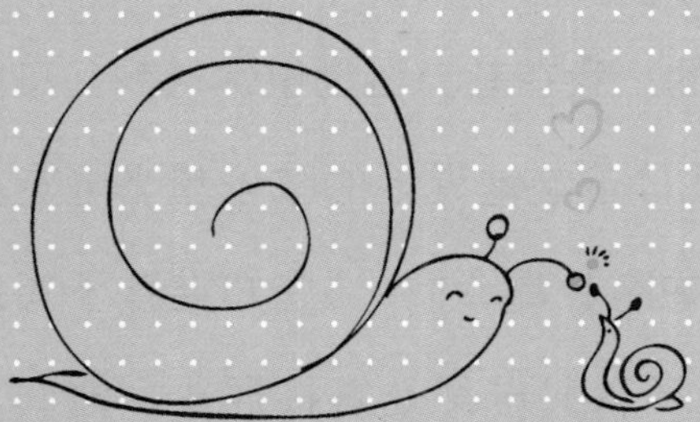

不预设立场，也就是不把所有事情都当成理所当然，不以自己的想法来评判别人。面对孩子时，父母不可以预设立场，不要用一种既定思维来听孩子说话，不打断孩子，不急着讲大道理教训孩子或是随便帮孩子出他根本不想接受的主意，如此才能让孩子把自己的想法充分表达出来。孩子发现父母尊重他时，才愿意听从父母的引导，而父母才有机会带领孩子朝解决之道前进。

每个人都活在自己的主观世界

“没有标准答案”是 SFBT 重要的思维方式之一，这种思维方式认为“人只能为自己建构出真实”。也就是说，每个人都活在自己所建构出来的世界中，或者每个人都活在自己的主观当中。

其实，我们怎样解读我们自己、这个世界，与我们怎么和这个世界互动是互相影响的。我在教养咨询中常遇到父母问我“标准答案”。例如，有父母苦恼地说他的孩子想当电竞高手或网红。我每每遇到这样的家长都会问：“您知道孩子想这么做的理由是什么吗？”大多数父母都是直接摇头，他们从来不想知道孩子这么做的理由，只是想把自己的主观想法套在孩子身上，让孩子依循他们铺好的路向前走，难怪孩子慢慢地不愿意和父母交流沟通。孩子小时候的确需要很多“指导”，但随着年龄增长，他们需要的更多是引导，而非绝对的指导。

案例分享

两个苹果的故事引发的思考

这是网络上流传的一个故事。

一位母亲问她五岁的孩子：“妈妈和你一起出去玩时，我们都渴了，又没带水，而你的小书包里恰巧有两个苹果，你会怎么做呢？”孩子歪着脑袋想了一会儿，说：“我会把两个苹果都咬一口。”

如果你是这位妈妈，你会有什么想法与感受？你会怎么回应孩子？可想而知，这位母亲很失望，她本想像别的父母一样，对着孩子训斥一番，然后再教孩子怎样做。可就在话即将说出口的那一刻，她忽然改变了主意，她摸摸孩子的小脸，温柔地问：“你能告诉妈妈，你这样做的原因是什么吗？”

每每讲到这个故事，我总会在这里停顿一下，然后请家长猜猜孩子的回答是什么。大部分家长会说“这孩子真没良心”“很自私”“他只想到自己”等。有的家长会说：“他还小，所以不知道分享，要教育！”“他可能是家里的独生子，欠缺分享的概念。”也有家长会说：“他会不会是想看看哪个更甜，想要把更甜的给妈妈吃？”

你呢？你会怎么想呢？其实，不管你怎么想，都是在自己的主观世界思考。有一次，有个家长忽然问我：“陈老师，您会怎么想呢？”我跟家长说：“你们刚刚说的那些感受与猜测，我也可能有。重要的是，我会先放下自己的想法，问孩子为什么要把两个苹果都咬一口。我很想知道他的主观世界里有什么，再思索下一步要做什么。”家长们恍然大悟。

也就是说，重点是孩子怎么思考。这与萨提亚学派很重视的“关心而好奇的概念”有异曲同工之妙。

有一次，一个学员问我怎么才能学好 SFBT。我回答，秘诀无他，多用就是。下面，我要跟大家分享一个我自己的案例。

案例分享

看不见对方好意的妻子

我的个性使我在亲密关系中以顺从为主，对于先生提出来的要求，我会尽力满足。若我觉得无法配合或有疑虑，我会因为愧疚而产出各种解决方法。这些解决方法多半会弄巧成拙，惹怒先生。我跟先生的相处一直是以这样的样貌存在。直到我们坐下来好好沟通，我才发现 SFBT 竟然存在于每一个细节中。

SFBT 的基本原则之一是秉持未知的态度（Not-Knowing），不预设立场，询问当事人细节。关于这点，我在先生做得好的时候应用自如。请看下面这段对话。

先生："我今天拿到一个大项目，可以为公司赚上千万。"

我："哇！太厉害了，你是怎么做到的？"

先生："我就很有前瞻性眼光，一直觉得这应该是笔好生意。"

我："还有呢？"

先生："要有耐心。"

我："嗯嗯，还有呢？"

先生："就是……"

这样的对话不但可以让先生一次次得到赞赏，也可以让我们之间的相处很愉快。

然而，当冲突发生的时候，我常常忘记可以这样化解我们之间不顺利的谈话与紧张的关系。请看下面的对话。

先生："老婆，我收到五星级饭店自助餐厅买一送一生日特惠券一张，想带你一起去吃午餐。因为时间的关系，我没订到位置。我想了一个方法，我们直接去，也许能候补上。没有候补上也没关系，我已经订了另一家饭店做备选。"

我："这家饭店可以买一送一吗？"

先生："当然不行啊！这是另一家餐厅。"

我一听先生这样安排，节俭的"主妇魂"瞬间占据高地。自助餐虽贵，但买一送一我可以接受。去另一家饭店，我有点接受不了。毕竟，两个孩子都在念书，我家正是花钱的时候。所以，我便小心翼翼地问先生："若去另一家，那岂不是要花很多钱？我觉得，只要跟你一起吃午餐，我就很愉快，哪怕吃路边小摊。"

当我自以为这样讲话很周全的时候，先生生气地说："我们吃不起吗？我在生日这天想感谢你，想和你吃一顿像样的饭都不行吗？我的好意都被糟蹋了……”

于是，愉快的气氛没有了，两个人都很尴尬。我预设了立场，跟先生说：只要跟他一起吃午餐，我就很愉快，不管吃什么。先生以为我在否定他，因为我试图拒绝他的提议。

还好我记得“当事人是解决自己问题的专家”，于是，我请教先生，我怎么做才不会让他觉得他的心意被糟蹋了。先生告诉我：“那你要问我为什么要订那家备选饭店。你都不知道原因就拒绝我，我觉得没有被接纳，觉得自己的心意被糟蹋了。”

我心里一惊，想到平时无论在个案咨询还是教养孩子时常用的“未知的态度”。我愿意用关心而好奇了解来访者和孩子，却在跟先生的相处上疏忽了。于是我速速亡羊补牢地问先生：“你这样做，一定有一个重要的理由，那是什么？”

先生：“因为我去这家饭店吃过，它很好。我一直想着有机会跟你一起去，也让你品尝品尝。”

我：“原来你一直惦记着我啊，真的很谢谢你。”

先生白了我一眼，明显已经消气了。

我：“谢谢你让我知道你的心意。身为太太的我真的很感动，但我也很想知道消费水平如何。”

先生：“你知道老公也是很精打细算的，钱一定要花在刀刃上。最近这家店也推出了特惠餐，这下你可以放心了吧！”

看着先生怒气已消的样子，我暗自在心中松了一口气：“SFBT 又帮我一次！”

SFBT 的不预设立场，不但可以让我们的亲子关系更好，在婚姻的路上也能助我们一臂之力。有稳定的夫妻关系才会有良好的亲子关系。当你与另一半的关系稳定而良好时，你们才能将注意力放在孩子身上，进行一致且正向的教养。

提醒自己不要想当然的技巧

我常在教养咨询现场被问这样的问题：“老师，我虽上了很多课，道理也都懂了，但一见到我家小孩那死不认错的样子，就怒火中烧，什么都忘记了。”如果遇到这样的状况，不妨试试以下的方法。

第一步：先以鼻吸嘴呼的深呼吸法，安顿自己的心情。有平稳的心情才有清楚的头脑，才可以处理好事情。

第二步：一定要有这样的信念：“他这样做，一定有一个重要的理由，那是什么呢？”这可以让我们快速换位思考，避免因预设立场造成冲突。

第三步：问问孩子：“我相信一定有一个重要的理由让你这样做，那是什么呢？”

如此，可以展现你对孩子的同理心，可以让孩子放下敌意，可以促进亲子沟通，进而产生更正向的互动。教养本就没有标准答案。在这个过程中，亲子之间有了更多的理解，可帮助孩子培养更好的问题解决能力与挫折耐受力。

即学即用

如果你认为教养孩子要严格，所有事都要盯得很紧，不能放松，而你的爱人认为应该培养孩子自己承担责任的能力，不需要盯得那么仔细，你会怎么与爱人沟通呢？可参考以下方法。

一、先通过深呼吸安顿自己的心情，并在心里问问自己：“爱人这么做一定有一个重要的原因，那可能是什么？”找出三个答案，并写下来。

二、问问你的爱人：“我想，你这么做一定有一个重要的理由，你可以跟我说说吗？”然后，专心聆听，不打断对方。

三、问问你的爱人：“你希望我做些什么？”

四、与爱人讨论并确定最有效的解决方法。

第9天

SFBT赞美法
——要习惯用正向眼光看待孩子

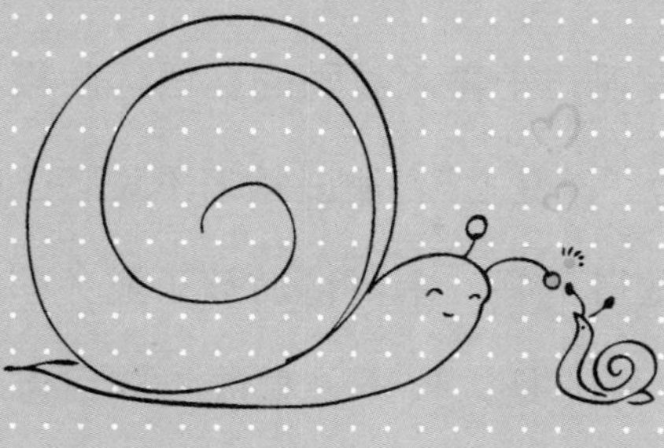

看到这个主题，大家也许会有这样的想法：这么简单的主题还要特地学习吗？可是，我想说，焦点解决的赞美跟其他学派的赞美略有不同。

赞美应建立在“不预设立场”的基础上。当你认为孩子应当做到某些事时，你就不容易对孩子有任何赞美。破除预设立场之后，父母要做的是正确表达——告诉孩子父母的感受，以及问孩子是怎么做到的。例如，名宏今天早上按时起床，妈妈对他说：“名宏，我真高兴，今天你能按时起床。我想知道你是怎么做到的。”当一个孩子知道自己哪里表现好时，他自然愿意往好的方向发展。在孩子的教养上，赞美往往是帮助孩子建立自信与自我价值最有效的方式。有研究发现，一个人充满自信或自我价值感高时，不容易有偏差行为。

贴标签与羞辱不会让孩子更好

常年与孩子工作的我，发现孩子喜欢鼓励的话语远胜鞭策的犀利的话语。有些父母以为“谦受益”，所以从来不说孩子的好，而大量地告诉孩子哪里做得不好，希望帮助孩子避免“满招损”。这样的父母没有思考到的是，孩子一直被告知自己不好时，很容易因讨厌自己而没有自信，常常觉得自己一无是处

(自我价值感很低)，甚至很容易成为情绪勒索的对象。

很少有孩子从小到大一直被骂、一直被羞辱，还能够表现得很好。我们来看看来访者宣宣的故事。“我的数学非常差，从小学六年级开始我的数学就一直不及格，但哥哥的数学很好。哥哥一直教我学数学，因为我爸爸妈妈也不会。哥哥教我的时候，我还是常常学不会，还是老算错。哥哥常对我说：‘你是猪啊！’我不记得他赞美过我。到了初中、高中，我对数学一直非常厌恶甚至恐惧。我怎么可能学好数学呢？我数学就是烂到不行。”这就叫作“贴标签”。哥哥骂宣宣的过程，也让宣宣给自己贴了很多标签：“我不够好。我很笨。我数学很烂。”这样的标签不仅不利于宣宣学习，还可能影响她其他方面的发展。

父母需要避免的赞美方式

有些父母很愿意赞美孩子，只是常常用了错误的方法，从而弄巧成拙。那么，什么样的赞美需要避免呢？

排行榜第一名是“有目的的赞美”。例如，孩子努力克服了害羞，在外出时叫人了，妈妈说：“你真棒，今天叫人了。你可以做到，以后也要这样啊！”这时，孩子可能会因为压力而不想重复这样的行为。一个好的赞美就像送礼物，不能要求回礼。

其实，父母不必担心。如果孩子真的认识到这是一个好行为，你不必说，他自然就会重复。一旦父母给了有目的的赞美，孩子反而可能会因为压力而不愿重复。所以，我们赞美孩子的时候，必须做到真心实意，不能利用赞美驱使孩子做大人想要他做的事情。

第二名是“比较式赞美”。比较式赞美的核心是不拿孩子跟别人作比较，不要用别人的不好来衬托孩子的好。例如，孩子最近吃饭很专心，请直接赞美孩子吃饭很专心，而不是说：“你吃饭很专心，你真棒。大家都没法跟你比！尤其是隔壁的明明，他吃饭太慢。我经常听到他被妈妈骂。”这样的赞美容易让孩子养成什么都要比较的习惯。孩子若一直处于一种想要赢的状态，输了可能无法接受。

我们甚至不能拿孩子跟过去的他作比较，只专注孩子现在或当下的好行为。例如，孩子最近学会控制自己的情绪，不再乱发脾气。如果父母说“你真棒，不像以前那样乱发脾气和打人”，可能会让孩子想起过去的坏行为。这不但容易造成孩子思绪混乱——不知道父母是要夸他还是借机批评他，也容易让孩子陷入过去的错误中，感觉翻不了身。

怎么办呢？可以和孩子说：“妈妈注意到，你最近会控制自己的情绪了。你真棒，妈妈很为你感到骄傲。”这样才能让孩子感觉到自己因优秀被表扬了。

第三名是“Yes-But 式赞美”。我记得在电视上看到过这样的情节，爸爸在睡前抱着儿子深情地说：“爸爸今天真为你感到骄傲，你克服了害怕。”听了爸爸的话，孩子露出开心且满足的笑容。突然，画风一转，爸爸又对孩子说：“但是早上借我们房子住的奶奶跟你打招呼时，你根本不理人，这样对吗？你要努力做一个有礼貌的乖孩子。”孩子的笑容立马冻结。

第四名是“敷衍的赞美”。例如，孩子兴冲冲地拿来他新完成的手工作品给父母看，父母看都没看就对孩子说：“你真棒，真棒。”这样敷衍的态度会让孩子觉得父母只是随便说说，另一方面也很容易养出表面自大但内心自卑的孩子。

最后一种叫作“言过其实或言不由衷的赞美”。例如，以前孩子吃饭只吃自己爱吃的菜，其他一概不吃，今天孩子多吃了几口别的菜，妈妈便说：“哇！我就知道我家宝宝是全世界最乖、最不挑食的孩子。”言过其实的赞美很容易让孩子养成自大的习惯。

言不由衷的赞美背后是父母心里并不想赞美孩子。父母不知道的是，孩子其实十分敏感。如果父母的赞美言不由衷，孩子就不会从这样的赞美中发展出自信。

赞美孩子的重要性

古有明训“满招损，谦受益”，因此很多父母认为孩子不可轻易赞美，他们认为孩子做得好是应该的，根本不应该夸赞，免得孩子骄傲。SFBT 认为，不是只有做得好才值得赞美，感谢与鼓励也是一种赞美的形式。我在亲子教养咨询中发现，正确、具体的赞美真的不会让孩子骄傲自大，反而会让孩子更自信，知道自己哪里做得好。如果你真的担心，不妨先从鼓励与感谢开始。

请回想一下，你从小到大有没有得到过真诚的赞美。如果有，请回答以下问题。

1. 赞美当时来自谁？

2. 当时有谁听到了？

3. 对你有什么影响？

你有没有发现，当回想起被真诚赞美的经历时，你嘴角不自觉地会上扬，心情会变好。这就是赞美的魔力。在 SFBT 的层面，没有做错就值得赞美，就可以视为进步。

另外，父母要注意的是，应该用什么样的标准要求孩子。许多父母都知道，赞美很重要，但因为没有适合孩子的标准，便不容易做到赞美。例如，我的一个来访者因为功课不好，渐渐沉迷于游戏，又因为在青春期向往爱情，遇到了网络性侵害。来咨询的时候，他说常常觉得自己一无是处。他的成绩不太好，尤其是数学。他说，有一次他比之前多考了 15 分，而且及格了。我除了开心地恭喜他之外，还询问他是否跟父母分享了这个好消息。他告诉我，父母并没有因此而开心。后来，我才知道，他的父母对他的要求很高。

此外，专门研究 SFBT 的本 · 富尔曼在其著作中提到，若要避免孩子产生嫉妒心，科学使用赞美是一帖良方。比如，在多个孩子存在的场合，只赞美其中一个孩子，别的孩子难免产生嫉妒心。如果能够发现每个孩子的优势或做得好的地方，就能让所有孩子都感觉到尊重。这对于有两个及以上孩子的家庭和老师处理班级问题均十分重要。

要想做到这一点，父母或老师必须对每个孩子都有一定的了解，不觉得孩子的好是理所当然，同时能运用赞美让每个孩子都感受到尊重。例如：在家里，哥哥吃饭不挑食，可以赞美哥哥不挑食；妹妹年纪小，虽然有一点挑食，但可以坐在椅子上好好吃饭，则可以称赞妹妹能好好吃饭。在学校，老师不仅要称赞正确回答问题的孩子，还要赞美愿意举手回答问题的所有孩子很有勇气。

用“你是怎么做到的”让孩子做到自我悦纳

我的女儿刚上幼儿园时，因为不习惯，天天哭着找妈妈，天天打电话找我。一个月后的某一天，我一整天没接到来自幼儿园的电话，下午我怀着忐忑的心情去接女儿。她告诉我：“妈妈，我今天中午午睡时虽然很想你，但忍住没有哭，也没有找老师打电话给你。”我惊喜地看着她，告诉她：“我很开心，也很想知道你是怎么做到的。”她从小书包里拿出一条我给她的手帕跟我说：“妈妈，这是你的分身，上面有你的味道，而且我记得老师说我很勇敢！”从那天之后，她进步很大，越来越喜欢上学，上学时不再哭哭啼啼。

所以，赞美的标准必须适合孩子。如此，家长才不会错失任何一个可以给孩子正能量的机会。一旦孩子知道自己哪里好、哪里被看重，他就会更积极地发展自己。当然，家长必须以坚定而真诚的态度加上具体的事实性描述赞美孩子，这样才能让每一次赞美发挥最大效能。

SFBT层面的赞美是怎样的

充满正能量的 SFBT 层面的赞美是怎样的呢？其实，就是用真诚而坚定的语气具体地告诉孩子他哪里好。若能加上一句“你是怎么做到的”，那就更好了。

所以，完整的赞美应该包括孩子的具体表现。当然，也可以告诉孩子你的感受。比如：“小宝，今天妈妈看见你主动写功课，妈妈觉得好开心。”为什么要告诉孩子你的感受呢？因为每个孩子都很在乎父母的感受，所以让他知道你的开心，更能鼓舞孩子。接下来，你必须问孩子是怎么做到的，这样能加深孩子对自己良好行为的印象。另外，可以引入孩子的“重要他人”。对孩子来说，妈妈之外的重要他人通常有爸爸、爷爷、奶奶、外公、外婆、老师等，可让孩子知道这个“正向重要他人”对他的赞美。这样，赞美才会深深地印在孩子心中，成为他高自我价值感的来源。

最后，我再强调一下，赞美的时候，请记住先叫孩子的名字，因为名字对人有唤起注意的功能，然后再以真诚而坚定的态度说出孩子具体的好行为。并且，不只是好行为可以赞美，孩子良好的态度、对自己的期许、愿意努力等都可以赞美，也值得赞美。

赞美的注意事项

在赞美的过程中，孩子可能因为过去的负面经验或不自信，一时无法接受赞美。父母要不厌其烦地将正确的赞美方式养成习惯，甚至在自己被赞美时示范正确的响应态度，例如向对方真诚道谢。如此，孩子才能够慢慢接受赞美并将之转化为自信，从而提高自我价值。

即学即用

请参考上述内容，用正确的方式赞美你的孩子。可参照以下思路，并做记录。

一、先问问自己为什么要赞美孩子，请把原因写下来。

二、你会怎么赞美孩子，请简要记录一下。

三、观察并记录孩子被赞美后的反应。

第10天

看到孩子重要的成功
——用成功经验激发孩子的信心

10多年前开始学习SFBT时，我常听老师说："信心来自成功经验。"刚开始听到这句话的我，确实有些困惑，心里暗暗想："信心，不是来自充分准备吗？"我后来经过细细体会与观察发现，"充分准备"为第一要件，但更重要的是"成功经验"，因为成功经验所带来的"我能感"确实更能够给人带来自信。例如，孩子考了95分，很多家长会关注失去的那5分，其实应该先问问孩子："你考了95分，很棒，怎么做到的啊？"正向看待孩子的努力，他才能从中得到更多自信心。所以，我总是在课堂上不厌其烦地提醒来上课的老师与家长："创造成功经验很重要，无论对自己，还是对孩子。"

案例分享

终于可以早起去上学的女儿

自从天气慢慢变冷之后，上小学一年级的女儿起床越来越难，于是迟到成为常态。

一天，女儿回家后非常兴奋地告诉我："妈妈，明天早一点叫我起床，因为明天我要领奖。"我细细地问她要领什么奖、几点集合，这才明白为了领奖，她第二天必须比平常早将近 20 分钟到学校。我心里有一点担心，因为她这阵子总是迟到。但是我也赶快思索解决办法，并告诉她："今天早一点睡觉。"她爽快地答应了。

到了睡觉时间，她拖拖拉拉舍不得上床。她哥哥因为课业的关系每天回家都比较晚，她有点舍不得放弃跟哥哥的相聚时间，想在睡前跟哥哥聊聊天。经过我再三催促，两个孩子终于睡下。我看看时钟，心里暗想不妙，这跟平常的睡觉时间可没有差多少！

第二天早上 6 点 40 分，离女儿平常起床时间大概还有半个钟头，我试着叫她起床。没想到，我只是轻轻地摇了她一下："妹妹起床。"她立刻从床上弹起来，虽然还揉着惺忪的睡眼，可她的动作一点都不含糊。她马上穿好衣服，利落地坐到餐桌前吃起了早餐。

于是，这一天在 7 点 20 分左右的时候，我们就出门了，这时离学校的集合时间还有 15 分钟。我们都好兴奋！

当天回家之后，女儿立刻跟我说："妈妈，我明天也要像今天一样早起。"我问她为什么，她跟我说："妈妈，今天我起床早，你亲了我，爸爸给我点了赞，老师也说我好棒。而且我也觉得自己好棒，我一下就起来了，哈哈。”

第二天早上，女儿果然说到做到。进校门之前，她拉拉我并跟我说：“妈妈，我们明天也要像今天这样早起，我们以后每天都这样好不好？”一个多月以来的迟到问题，在此刻迎刃而解。

女儿经过一次早起，对于起床这件事情得到了很多好的经验，因而拥有了充分的信心。

小小的改变可以带来大变化

SFBT 看重每一个小小的改变，相信小改变会带来大变化。上例就是一个很好的证明。由此可见，即使是小小的变化，也要予以珍视，因为那可能就是解决问题的关键。

从另一方面看，孩子不像大人那样有耐性，常需要即刻回馈。我在教养或咨询中常发现，若父母对于孩子小小的改变，能够立即给予回馈（肯定、赏识、赞美），孩子会以十分惊人的速度加以改变。

其实，不仅是孩子，成人也需要鼓励与表扬。我的家长训练团里有家长写信给我：“陈老师，每每上您的课得到那么多正向的鼓励，我都觉得好开心。老师总能看到我做到的部分。在育儿这条艰辛的路上，有您一路陪伴，我觉得好安心，也更加有勇气。”

案例分享

成功经验可以带来面对挫折的勇气

在儿子即将上初中的那个暑假，我发现，知道他马上要上初中的亲戚朋友看到他时都会提醒他：“初中功课很多，跟小学不一样，要好好读书。”类似的叮咛，让我们当父母的都感觉到了巨大压力。我带着战战兢兢又力求稳定的心情，陪伴他度过那个暑假，迎来开学。

开学第三天，儿子回家时很开心地告诉我：“我今天生物小考考了满分！”我摸摸他的头表示赞许，问他对这个分数满意吗？他看我一眼回答：“当然满意啊，有人不喜欢考 100 分吗？”接下来我问他：“你是怎么做到的？”他轻快地回答：“上课认真听，而且要做笔记！”我这才想起，开学第一天回家，他就向我表达需要笔记本做笔记！

开学第二周，有一天他回家时看起来不太开心，并跟我说：

“今天生物小考，我没考满分，而且考得不太好。”我看着他什么话也没说，拍拍他的肩膀，并且和他一起在沙发上坐下来，他把头靠在我的肩膀上。不一会儿，他就站起来说：“我会加油的！”我问他，一切还好吗？他回答我：“嗯，我今天没考好是因为没看清楚题目，我再小心一点就没问题了。”我看着他高兴地说：“太好了，妈妈很开心，你对自己有信心。还有，我发现你很快就能找到可以改进的地方，我很为你高兴！”他一扫刚回家时的低落情绪，跟我说：“谢谢妈妈，上一次我考满分让我知道我是可以做到的，所以您不必为我担心。”

又过了一周，我签联络本时发现生物下面写着“5”，我问他：“这代表什么？”他说：“代表生物小考的分数。”接着他问我：“我只考了5分，您是不是很不开心？”我摇摇头说：“不会。”他听完我的回答，一脸讶异地看着我：“我只考了5分，您怎么都不生气？”我说：“妈妈知道读书的路很长，某次考5分不代表什么。何况，我根本不知道5分的意义，有什么好担心和生气的？”之后，他竟然露出促狭的表情说：“可恶！竟然没骗到你。李老师在我回家前，叮嘱我先跟你解释5分意味着什么，免得吓到你。结果，你根本没被吓到。5分是满分啦！”

后来，我问他，他对初中的功课感觉如何？他竟然问我：“您说呢？我觉得比小学难，但是妈妈您别担心，我会克服的！”

我看着他一副自信的模样，心里有满满的开心与放心。

成功经验可以改变孩子的自我概念

SFBT 认为，每个人对自己的认识是通过与他人的互动完成的。因此，我们可以通过不同的经验改变孩子对某人、某事甚至对自己的认识。对于常常迟到的孩子，大家若都叫他“迟到大王”，他自己也会慢慢认同这一点。当其一天发现自己“也可以早到”时，他对自己的认识就会改变为“我也可以准时到”。那么，他就有机会成为每天都准时到校的孩子。

孩子有可能因为父母的不当贬损，形成低自我价值感。如果父母想对孩子的人格发展有正向帮助或改变亲子关系，需要从“再保证”开始，对孩子的情绪、感觉与行为给予支持与共情。以上例而言，当儿子问我对于他的考试成绩会不会生气时，我对他说的话便是一种“再保证”。

让孩子感受到来自父母的无条件接纳和支持是很重要的，而最简单的“再保证”就是常常告诉孩子：不管发生什么事，爸爸妈妈都爱你。有时用语言，有时则以非语言（拥抱、聆听）的方式表达，并配合“三不”措施——不分析、不批评、不建议。如此一来，才能帮助孩子安心地在成长的道路上稳稳前进。

焦点解决取向并不重视探究事件本身，而是更重视孩子对事件的解释，以及在事件中采取的反应和行动，并且十分看重与孩子一起寻找或创造成功经验，以此改变他对自己生命或自我价值的认识。希望父母都能带领孩子创造属于他的成功经验。

即学即用

孩子独自完成一件事或是学会一件从前不会做的事都可以是他重要的成功经验。请帮助孩子创造一个属于他的成功经验，并记录下来。

一、孩子完成的事情是什么？

二、你对孩子说了什么话？

三、孩子的反馈是什么？

第11天

相信个体的能量
——每个人都是解决自己问题的高手

下面的内容，对很多父母而言是一个挑战，因为他们一直认为，父母需要帮助孩子解决问题。殊不知，孩子拥有许多内在的宝藏，每个人都是带着解决问题的能力与丰富的资源而来。即使对于几个月大的婴儿而言，也不可能时时刻刻有人帮他解决问题。比如，婴儿会通过玩自己的手与脚来排解无聊。所以，每个人都是解决自己问题的专家，只是有时还不知道而已。

父母要做有经验的向导，带领孩子找到自己内在丰富的宝藏，进而渡过重重难关。父母不可能帮助孩子解决一切问题，需要培养孩子解决问题的能力，让他成为一个“能够自己钓鱼的人”。

案例分享

爱生气的女儿

许多父母来咨询是因为“孩子爱生气”。我除了向他们解释孩子的情绪控制中枢还未发育成熟之外，通常还会请他们求教自己的孩子怎么解决“爱生气”这件事，毕竟没有孩子喜欢被贴上“爱生气”的标签。

我家女儿刚上小学时脾气好大，动不动就生气，我简直无法忍受。

女儿最容易惹到我的就是，出门一定要买东西。例如，我们出去帮她哥哥买学习用品，她在卖场看见自己喜欢的小文具时，就像蜜蜂闻到蜜，走也走不开。若我不肯给她买，她一定会生气。我试过许多方法，如讲道理、冷处理、根本不出门、事前约法三章等，结局都是一样。

有一天，我正在苦恼的时候，忽然灵光乍现：我怎么忘记SFBT了？SFBT说："没有用就不要做，换点别的；有用就继续做！"于是，我飞快地把使用过的方法都想了一遍，并把没用的淘汰，最后只留下"事前约法三章"。尽管这个方法只能让女儿不那么生气，并不能真正解决问题。这时，我又想起"当事人是解决自己问题的专家"，我怎么忘记请教我的当事人了呢？

等到女儿放学回家，我先奉上可口点心（食物也可以疗愈人心），之后开始了"解决之旅"。

我："女儿，妈妈最近有一件好烦恼的事情！"

她一边吃点心，一边很关心地问："妈妈，你怎么了？"她不忘把点心分我一点，小孩没事时真是天使啊！

我："就是……最近你有点儿容易生气……"

女儿："对呀，我就是爱生气。还有，谁叫你不买我想要的东西给我！"

我："买东西的事情，我们讨论过。你不能每次想买就买。我们要买有用的东西，不然买了乱丢，反而会污染地球，地球就哭了。"

女儿："我也不想要地球哭，可是人家就是很想买。你不让我买，我就会生气！"

我想，如果一直讨论"买东西"，可能会没完没了，一次只做一件事，今天最重要的任务就是"解决生气问题"。

于是，我说："妈妈想请你告诉我，当你生气的时候，我应该怎么办？"

她轻松地说："我生气的时候，你不要理我就好了呀。"

我十分讶异，因为我对女儿"冷处理"时就是想告诉她"她一直生气，我暂时无法跟她说话或理会她，不然我也要生气了"。我没想到她竟然提到了这个方法。

不死心的我，又问了一个"笨"问题："可是，我明明就没有理你呀？"

她撇了撇嘴："你那是处罚我！"

我立刻想起 SFBT 的提醒——“每个人只能活在自己的主观世界”。

这表示我俩对于“不理”的理解不一样。然后，我谦卑地问她：“那怎样叫不理呢？”

她：“不理就是不理，该做什么就做什么。”

我：“如果不给你买，也要把你拉走，对吗？”

她：“对呀！而且，你应该一直牵着我的手。”

看起来她心里也很清楚，只是需要台阶下。

我：“可是，你会把我的手甩掉啊，怎么办？”

她一副循循善诱的样子：“妈妈，我不是告诉你该做什么就做什么吗？所以，你当然要一直牵着我的手呀，这样我才不会有危险。”

我再次确认：“所以，就算你在生气，把我的手甩开，我还是要牵住你的手，对吗？”

她耐心回答：“对，妈妈，你很棒，这次听清楚了。”

经过这样的讨论，我开心地向女儿道谢，并做好准备迎接下一次考验。

案例分享

想买昂贵球鞋的男孩

儿子上初中时，有一天回家后，兴奋地跟我们说，他的好朋友买了某位球星代言的球鞋，今天穿着跟他一起打球。同时，他数着自己的奖学金，盘算着再有多少钱，就可以买一双这样的球鞋了。

我本不在意，但他爸爸很认真地跟我说想为孩子买球鞋的时候，我思索起来：孩子拥有什么样的价值观？我同时也在思考，孩子真正想要的是什么？我们又能在这个过程中帮到他什么？

我们身边不乏给孩子买限量版球鞋的朋友。我相信，对经济条件好的人而言，金钱只是一种工具。我的挣扎是，一款新上市的球星代言的球鞋动辄上千元，而孩子正在发育期间，一双球鞋顶多穿半年，是不是太浪费？另外，在孩子还没有经济能力的时候，就给他如此的享受，会不会让他养成骄奢的习惯呢？

可是，面对孩子期待的眼神，另外他买球鞋的钱是他用自己的成绩换来的奖学金，这也不算不劳而获，我是否应该成全他呢？对我来说，“是否买球鞋”只是一个小事件，通过这件事，了解孩子的想法，才是最重要的。而且，孩子会告诉我们答案。

我决定跟儿子好好聊聊。

我：“看见好友穿的球鞋，你会不会很羡慕？”

儿子：“我为什么要羡慕他？我只是为他高兴，他买到自己想要的球鞋了。妈，你知道吗？那款球鞋的红色款还蛮好看的！”

我：“是吗？你对这款球鞋的想法是……”

儿子：“从网络上看，我原以为红色不怎样呢。”

我：“哦，所以看到鞋后，你还蛮喜欢的？除了颜色，妈妈更想知道你为什么想要这双球鞋。”

儿子：“大家都喜欢这个球星。这是他代言的球鞋，我想买一双。”

我：“穿了这双球鞋会让你在打球时更自信吗？”

儿子：“不会呀，打球时更有自信是因为有练习技巧，应该跟穿什么球鞋没关系！”

我：“那么，如果不买这双球鞋，你觉得有问题吗？”

儿子：“那就不买呀，我也觉得它很贵。我可以买别的鞋。而且，球鞋重要的是好穿、可以保护脚，谁代言的不是那么重要。”

我："谢谢你让妈妈了解了这么多。"

儿子："呵呵。"

听完儿子的话，我的确放心许多，也很感谢他愿意让我知道他的想法。我想，只要他的价值观是正确的，穿什么都只是选择。

父母要相信孩子是解决自己问题的专家

当我跟许多家长谈及这个概念时，他们非常疑惑。这多半是因为父母对孩子的成长没有意识，常把孩子当小娃娃看待，或者父母被困在过去失败的经验中。

运用"当事人是解决自己问题的专家"时，最大的阻碍是父母对于孩子能力的质疑。我们来看一个关于催眠大师米尔顿·埃尔克森的小故事。在他幼年的时候，有一匹马流浪至他家，那匹马身上没有任何烙印或记号供辨识。小小的埃尔克森自告奋勇地要将这匹来路不明的马归还原主。为了完成任务，他设法领它到大路上，并让它自己决定该朝哪个方向前进。最后，当马终于走到几公里以外的隔壁村庄时，庄园主人问小埃尔克森是怎么找到他家的，他回答："其实我并不清楚它是谁家的马，但这匹马可明白得很。我所做的只是让它上路带我回它的家而已。"

我发现，即便只有五岁的孩子，也有解决自己问题的能力。大人常常给孩子意见与建议，也很想代替孩子解决问题。然而，很多时候孩子并不是不想做或做不到，而是认为有些问题根本不是问题。若大人可以适时询问孩子的想法和意见，往往会有意外的收获。同时，孩子也能通过这个过程培养解决问题的能力，进而提高自我价值感。即便身处困扰的人，也有很强的能力解决自己的问题。孩子可能因为不成熟而需要较多引导，但他们绝非需要别人替代！我认为父母的功能是赋予孩子能量，让孩子通过提升能量而有能力解决自己的问题。

父母可以和孩子“讨论”“商量”，可以“引导”“陪伴”，训练孩子的逻辑思考能力。父母还可以多看看孩子做到的部分，并对他说“真是太好了，请问你是怎么做到的”。这是在向孩子传达“我仅仅是带领你发现自己潜在能力的向导，你才是最清楚自己问题与能力的专家”。

父母不能总是帮孩子解决问题，随着孩子年龄越来越大，父母要逐渐放手引导孩子成为自己问题的解决者。这样的教养方式可以提高孩子的能力，让孩子成为更负责任的人。相对于一直帮孩子解决问题，这样的教养也更简单。

即学即用

要想让孩子成为解决自己问题的专家，第一步是询问孩子想要你怎么称呼他。请做以下练习。

一、问问孩子，想要你怎么称呼他。

二、问问孩子，他目前遇到了什么难题。

三、问问孩子，他想要怎么处理。

四、问问孩子，他需要你提供什么帮助。

第12天

激发孩子的内驱力
——用科学方法帮孩子学会承担责任

当孩子意气用事的时候，父母怎么办？当孩子有偏差行为的时候，父母用什么方法可以让他自动自发地改变自己的行为？只能用教训或是打断他的方式吗？在孩子需要指导的时候，怎样在不教训孩子、不说大道理的情况下，让他通过理解“行为”“目的”“代价”之间的关联，自发改正自己的行为呢？SFBT 会让你有更好的选择。

案例分享

决定偷光同学书的儿子

我儿子上初中时，一天放学回家后，不断向我念叨在学校遭遇的事情：“妈，我跟你说，我真的很讨厌小真，她真的有病！”听到这种开场白，我知道他和小真今天应该发生了冲突。

我：“怎么啦？你和小真之间发生什么事了？”

他怒气冲冲地说：“她诬赖我是小偷，说我偷她的音乐课本。神经病！我要偷也不会偷音乐课本。另外，我为什么偷她的课本？”

我：“嗯。听起来你和小真在这件事情上的确有些误会，那到底发生了什么事情呀？”

儿子余怒未消：“我怎么知道！她的课本她不放好，自己跑到我的抽屉里，她还怪我！”

我：“奇怪！课本怎么会自己跑到你的抽屉里？”

儿子：“哎呀！其实课本不是自己跑到我抽屉里的，我猜应该是小奇把它放错地方了！”

原来，儿子坐在小真的前面，上完音乐课后小真急着去打扫，请小奇帮忙把课本放回抽屉。小奇没弄清楚，就把课本放到儿子的抽屉里了。小真打扫回来，找不到自己的课本。儿子看到小真着急的模样，赶紧查看自己的抽屉，发现小真的课本在他的抽屉里，便物归原主。小真不分青红皂白大声地说：“我的课本怎么会在你那里，你为什么偷我的课本？”儿子个性虽然温和，但最讨厌被误会，于是大声回应小真：“神经病！我为什么偷你课本！”结果，两人没把误会解开，儿子带着一肚子气回了家。

我原本以为儿子念叨完就好了。不料到了睡前，儿子竟然一反常态地抓住我说：“妈妈，我想要咨询。”虽然我是心理咨询师，但我的孩子从来不会主动跟我提咨询要求，一般都是我要找他们“聊一聊”。

我：“怎么啦？什么事需要咨询？”

儿子："你还记得我今天傍晚跟你说的事吗？"

我点点头，同时心里很纳闷："这件事不是已经处理好了吗？"

儿子："我越想越生气。既然小真说我是小偷，那我就变成小偷，明天早点去把她抽屉里的书都藏起来，让她找不到，哈哈！"

我心想这可不妙，他完全进入青少年被标签化后的自暴自弃模式。他果然需要好好"咨询"一下！

我心里在呐喊"别这么冲动"，但脸上依然十分淡定。我知道，面对冲动的孩子时，家长若无法稳定地引导他思考，很容易全盘皆输。我不动声色地帮儿子分析他"想做的行为"以及"必须付出的代价"："嗯！如果你明天真的把小真的东西藏起来了，那会怎么样？"

儿子得意地说："那她就会找不到啊！哈哈，她一定很着急。"

我："然后呢？"

儿子不解地问："什么然后？"

我："小真找不到她的东西，除了着急会怎样？"

儿子："她一定会去报告老师啦！告状鬼！"

我："然后呢？"

儿子："然后老师就会来班上调查，就会发现是我藏起来的。”

我：“那会怎样？”

儿子小声地说：“那我就变成真正的小偷了！”

我：“这样好吗？”

儿子有点气急败坏：“这样怎么会好？”

我：“哪里不好？”

儿子着急地说：“如果我变成小偷，就要被老师处罚，可能会被罚抄《弟子规》，也可能会被罚站。同学们会看不起我。”

我发现他是真的着急，也在思考。我看着他说：“妈妈觉得你不错，你在动脑筋，把藏小真东西的代价想得蛮清楚的。”

他不好意思地说：“如果我真的去把小真的东西藏起来，我就从‘假小偷’变成‘真小偷’了，这样可不好。”

我知道儿子已经从冲动回归理智，但我还是想让他明白人在什么状况下会做出冲动的行为。于是，我问他：“那你怎么会想到明天要去偷小真的书呢？”

他不好意思地说：“因为我很生气，想给她一个教训。”

我：“所以你不是要偷小真的书，你只是想给她一个教训？”

我在工作中发现，许多人常常会用不好的方法追求自己的目标。

他："对啊，不然我为什么这么做。我连之后要将书藏在哪里都想好了。唉，想这些事真是浪费我的时间。不过，妈妈，你放心啦，我明天不会这样做。"

我摸摸他的头，后来又想到青少年很容易因为别人一激、脑袋一热做出冲动的事，必须帮他认识到这一点，于是又问他："妈妈在想你是不是跟小真很好。"

他将头摇得像拨浪鼓似的："怎么可能！我不喜欢她随便冤枉别人，怎么可能跟她好？"

果然如我所料，用夸张的描述会帮他快速认识自己的内心。我笑笑说："那你为什么这么听她的话？"

他疑惑地看着我："哪有？"

我："有，她误会你是小偷，乱叫你是小偷，你就听她的话准备当真正的小偷！"

他恍然大悟并不好意思地说："哈哈，我被她的话激怒了。谢谢妈妈的咨询。我以后不会这么冲动了！"

我："那明天你会怎么做呢？"

他一脸轻松："我当然会跟她说，她误会我让我感觉很不好，请她以后不要乱讲话。"

我看着他的脸，忽然觉得他又长大了。

帮助孩子理解目的、行为和代价之间的关联

我发现，家长常在孩子做了一些冲动行为或不当行为时问他"为什么"，而孩子往往不说话。我在与孩子工作的过程中常常发现，孩子之所以会做一些不当行为，多半是因为他们不知道自己要为冲动行为付出一定代价。当然，他们当时也有目的与动机，想做就做，没有考虑后果。家长必须了解，在孩子的发展过程中，语言发展其实较慢，思考常常跟不上行动节奏，控制情绪与冲动的神经系统要到 25 岁左右才能发展成熟。成人通常在"目的价值"大过"代价价值"时才会做某件事，但孩子不同。所以，当家长问"为什么"的时候，有极大比例的孩子无法回答。

孩子若做了一些不当行为时，我们怎么保证他"不再犯"呢？用打骂只能收一时之效，用说教只会引起孩子的不耐烦，真正可以帮助孩子的其实是通过对话的过程让他对自己有更多的了解，同时让孩子渐渐养成思考与行为一致活动的习惯。

父母必须注意，听到或是知悉孩子做了（想做）不当或是冲动行为时，必须先将自己的情绪管理好，可以利用“鼻子吸气 2 秒，嘴巴吐气 5 秒”的方式安顿自己的情绪，做好自我觉察与情绪调节，如此才能带着稳定的情绪与孩子好好对话。

可以先处理孩子所表现出来的不当行为，因为外显的不当行为最容易被注意到。孩子经过这个对话过程，对自己的行为有所觉察，以及对代价有所发现时，就能够真心而自发地修正自己的不当行为！

即学即用

发现孩子有偏差行为，可以按照以下思路与孩子展开对话。

一、拿出纸和笔做记录，先问孩子发生了什么事。

二、询问孩子做这件事想达到什么目的。

三、引导孩子思考做这个行为会得到什么不好的结果（代价）。

四、请孩子回忆一遍讨论的结果。

五、协助孩子辨认目前使用的策略哪些是有效的，哪些是无效的。

六、通过此过程，找出孩子真正的目标，并跟他讨论怎样可以达到目标。

请记住，当孩子有不当行为时，打骂只能收一时之效，甚至会越来越无效。一直说教则很容易让孩子不耐烦。唯有通过对话的过程，引导他思考，增进他对自己的理解，才能让他自发地做出改变。

第13天

学会与孩子合作
——不同孩子适合不同的合作方式

我常常遇见一些父母抱怨孩子“不乖”“不听话”等。归根结底，这其实就是孩子不与家长合作。做家长的请扪心自问：“每一次找孩子的时机是否恰当。”这也是我在听到父母抱怨孩子不听话时常问的一句话，因为我发现亲子冲突多来自于此。越亲密的人越容易以自以为是的方式互动，正所谓“亲近生侮谩”。例如，我儿子在看书，并且非常专心。如果我这时直接请他帮我做些别的事情，他可能会不开心，很容易顶嘴。但我若先问他是否在忙，了解一下他的状况再与他协调，请他帮忙，他可能很乐意帮我。其实，若能和孩子找到共同的目标及彼此都认可的方法，合作就会变成必然。

案例分享

沉迷手机而不愿合作的小宏

在跟我谈话之前，小宏已经和好几个辅导员谈过话了，但和每个辅导员的谈话次数均不超过 2 次，每次谈话也没有超过 10 分钟。小宏的辅导老师跟我说，如果我可以见小宏超过 2 次而且每次谈话超过 10 分钟，我就是他见过的最厉害的心理咨询师！

我们第一次见面是在学校。小宏第一次见我，就从上课谈到下课。辅导老师担心地敲咨询室的门时，小宏意犹未尽地说："我知道我该去上课了。再给我 5 分钟好不好，我快讲完了。"

小宏离开后，辅导老师马上拉着我问，为什么我第一次与小宏见面就能打破小宏的"10 分钟魔咒"？我回答："我没什么秘诀，我只是记得 SFBT 教我，没有不合作的孩子，只有找不到方法的咨询师。如果我真有什么秘诀，这就是了。"

当我与小宏要结案时，我问他："为什么我们第一次见面时你愿意跟我说那么多事情？"他跟我说："陈老师，因为你没有像其他老师似的一直想要跟我说什么，一直听我说我的事，你也没有马上跟我说不要玩那么久手机。而且，你还问我在玩什么游戏，那些游戏为什么好玩。你很喜欢听我说话。"

我想起跟小宏的第一次谈话，我很慎重地请教他该如何称呼他，问他想跟我谈什么。当时，小宏一开口便谈起了游戏，我没有"预设立场"——觉得小宏不该玩游戏，同时对他谈的内容展示出高度的关心与好奇。我就这么自然地跟他建立了良好关系。之后，我拿他的问题请教他（孩子是解决自己问题的专家），他告诉我他也觉得自己花在手机上的时间真的太多了，应该改正。同时，他也教我和他的父母该如何协助他。当我们按照他教我们的方法协助他时，他慢慢地将注意力从手机转移到课业上。

经常有父母问我：“陈老师，为什么孩子不听话？”想要孩子听你的建议，必须放下想让孩子听话的意图，先听孩子的话，先了解孩子的想法——他想怎么做，甚至要虚心向孩子请教。

设定界限不能和尊重混为一谈

在处理孩子玩游戏上瘾问题的过程中，设定界限是促成合作的重要一环。有的父母以为设定界限与规矩会让孩子感觉到不受尊重或有压力，这是错误的。孟子有云“不以规矩，不能成方圆”，意思是做事要遵循一定的规则，教养自然也不例外。此外，与受虐儿童青少年工作超过 25 年的我，从与他们的互动中知道，“朝令夕改”“无所适从”对孩子来说才是最大的压力来源！

我还记得第一次与受虐儿童团体工作的情景。每每有孩子问我下一个团体心理活动是什么时，我总是跟他们说：“那是惊喜、秘密，我不能说。”结果，我意外地发现，他们把这样的“惊喜”视为很大的精神压力，而孩子一有扛不住的精神压力时，就容易出现各类偏差行为，小则大发脾气，大则失控打人。因此，父母的责任是将孩子需要遵守的规矩定好，切勿朝令夕改，才能帮助孩子养成良好的习惯。对于相对较小的孩子，规则更重要。当孩子渐渐长大，沟通规则、弹性规则要视状况增加。

以孩子玩游戏的问题为例，孩子什么时候可以玩？写完功课后、周末、假日均可以玩。另外，孩子一次可以玩多长时间？小学中年级以前每次可以玩 15 ～ 20 分钟，小学中年级之后每次可以玩 20 ～ 25 分钟，上中学后每次可以玩 30 分钟左右。在此过程中，父母需以身作则（父母不能想玩就玩，没有节制，如此才能让孩子心服口服地遵守规则），并且要设置提醒机制（游戏时间结束前 5 分钟提醒孩子），如此才能让孩子不被游戏操控。

找到最佳的与孩子合作的方式

有时，我们需要重新理解“合作”的定义。合作代表双方可以一起工作，但双方不一定要相亲相爱。

想找到最佳的合作方式，我们要有以下三个 SFBT 信念。

1. 相信“他这么做背后一定有一个重要的理由”。比如，当孩子有偏差行为时，可以自问一句：“他这么做背后一定有一个重要的理由，那是什么？”

2. 换个角度，尽量发现对方的需求、想法、善意等。

3. 愿意相信改变终究会发生。

父母要知道与孩子沟通的意义，这也可以协助孩子实现他的目标。有时候，父母和孩子沟通的时机不对，暂时不合作也是孩子的一种表达。孩子不是父母的延伸，我们只是孩子的引导者。父母的任务是协助孩子早日实现目标，因此，父母有责任借由学习与孩子建立不同的合作方式，尊重孩子，想他们之所想，给他们提供最适合的帮助。

即学即用

如果你的爱人在管教孩子时恶言相向甚至大打出手，你会如何处理？请记录下来。当然，你也可以参照以下思路应对此事。

一、先通过深呼吸平静下来，再问问自己：“他（她）这么做一定有一个重要的理由，那是什么？”你可以先想1～3条理由，并记录下来。

二、问问你的爱人：“我相信你这么做一定有一个重要的理由，那是什么？”他（她）的回答是什么？请记录下来。

三、与爱人一起讨论更好的管教方式。

第14天

在困境中寻找希望的技巧
——假设解决问句的科学应用

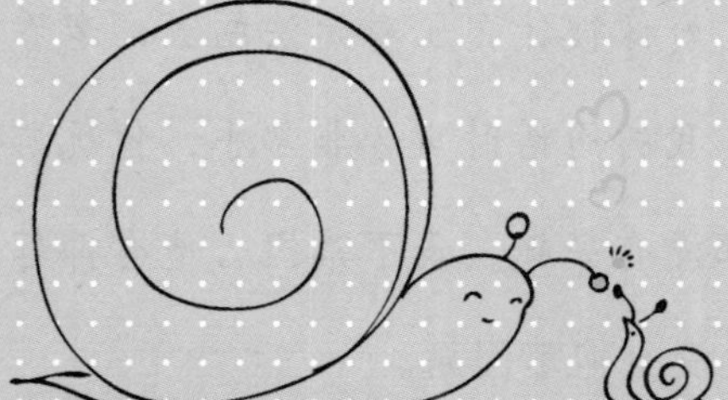

今天，我要跟大家讨论，当孩子找不到目标、对生活充满失望时，家长该怎么做。在焦点解决的方法中，“奇迹问句”是一个重点。奇迹问句是焦点解决取向三大架构中假设解决架构最经典的问句。

许多时候，我们被困在问题或是困难中想不出解决办法时，假设解决问句可以快速带领我们以另一种思维找到解决问题的方法。不但如此，假设解决问句还能让我们对未来抱有希望。研究发现，抱有希望，人才有活下去的力量。

案例分享

缺乏自信的小幽

小幽因学习态度消极被带到我的咨询室。第一次跟小幽见面时，我很是吃惊。他弯着腰，好像被什么压着无法站直，老看着地面，很少跟我对视。他回答我的问话时声音非常小，他玩游戏时也有气无力，似乎对什么都没有兴趣。我不禁担心他有抑郁倾向，好在相关检查结果显示他没有抑郁问题。

第二次咨询，我问小幽这周过得如何，小幽告诉我：“还好。”我问他周末、假日一般做什么，他说：“不做什么，就在家待着。”我问他平时跟谁在家，他说：“妈妈要工作，所以我都是一个人。”我问他在家做些什么，他说：“就那些……看电视、打电动、睡觉……”

听完小幽的回答，我知道这个寂寞的孩子缺乏引导。于是，我决定启动“奇迹问句”，希望通过关于未来的期望，帮他找到现在可以做的事。

我：“如果有一天，奇迹发生了，你的生活跟现在不一样了，那会是什么样子？”

小幽十分吃惊：“啥？”

我知道，对于小幽这样没有目标的孩子来说，这样的问句需要多问几次，他才能真正理解。于是，我慢慢地一个字一个字地又问了一遍：“如果有一天，奇迹发生了，你的生活跟现在不一样了，那会是什么样子？”

小幽：“嗯……那应该就是妈妈可以不用一直工作吧！”

我：“如果妈妈不用一直工作，你会有什么不一样？”

小幽：“这样妈妈的身体应该会比较好。”原来小幽很担心妈妈的身体，妈妈因为经济压力很少休假。万一妈妈死掉了，他就孤苦无依了，所以他很在意妈妈的身体健康。

我点点头，拍拍小幽的手："那我们可以一起想一想，怎样可以帮到妈妈？"

小幽有点沮丧地说："就是我能赚钱啊，可是我现在根本不可能赚钱。"

我说："你十分清楚自己现在不能做什么。那么，你清楚自己现在能做什么吗？"

小幽说："我现在还小，我唯一能做的是好好学习，好好锻炼身体。这样我长大以后才能好好工作，才能为妈妈分担压力。"

第三次咨询，我一到咨询室就看见小幽已经在等我。他扬扬手上的资料对我说："老师，快点啦，我想赶快跟您讨论怎样才能专注地学习，好好锻炼身体。"

的确，他看上去瘦瘦的，有点弱不禁风，身高未满 1.40 米。再加上他好几门功课不好，他有点担心自己的未来。我看着小幽说："如果……如果……奇迹发生了……你的问题解决了……那会是什么样子？"

小幽停顿了一下，回答我："那我应该已经超过 1.80 米了，而且我各科成绩也变好了。"

我问小幽怎样可以长高，他说："体育老师上课说，多跳绳、多做跳跃运动有助于长高。"我先赞美小幽上课时认真听讲，小幽吐吐舌头说："只有体育课啦！"

我知道这个很少被赞美的孩子一下子无法接受，于是我也不跟他争辩，只是微笑着再说一次："我觉得你上体育课时挺认真的！"

之后，我跟小幽讨论如何在每一天的生活里安排跳绳或跳跃运动。后来，老师跟我说，小幽上体育课时更认真了，上其他课时也比原来专注多了。

假设解决问句应用时机与注意事项

一、应用时机

SFBT 的基本精神是，不将注意焦点放在过去，而是放在未来，这特别适合儿童青少年。我们小时候都曾幻想自己长大以后的样子、未来会做些什么等。当孩子看起来没有目标，或者被目前的问题困住的时候，假设解决问句就可以派上用场。

二、注意事项

假设解决问句是 SFBT 基于催眠大师米尔顿·艾瑞克森的

影响而发展出来的技巧。因为要引导孩子描绘未来的样子，所以在发问时要放慢语速，态度必须真诚，语调要柔和，这样才能帮助孩子进入放松的状态，进一步说出对未来的期待。

同时，提供的愿景问句必须让孩子有自由想象的空间，而非家长已经预设的样子。比如，我问小豳：“如果有一天奇迹发生了，你的生活跟现在不一样，那会是什么样子？”

类似这样的假设解决问句可以帮助孩子将注意力转移到希望上，而非问题中。这可以带给孩子希望，甚至可以帮助孩子想象希望达成后的样子。孩子基于这样的想象，才更有实现目标的动力。

在咨询中，我发现最重要的一点是让来访者再度拥有希望，希望感则可通过对未来的想象与描述达成。许多助人者通常会在第一次与受访者会谈时问此种问句。此技巧被很多助人者视为焦点解决取向的基石。在焦点解决取向中，假设解决问句是探讨来访者对问题情境及完成治疗目标的正向信念以及预期的引导问句。这些描绘未来愿景的问句，鼓励来访者提供详细的描述，假设问题消失后生活将会如何。这可以帮助来访者将注意力从当下的不开心、失败，转移到未来解决问题之后的美好上，进而找到解决当下问题的方法。

相关研究表明，以下四个因素有助于提出奇迹问句甚至解决问题。

1. 助人者必须在提出奇迹问句之前明确与来访者的合作关系。

2. 助人者在提出奇迹问句之前及同时，要试着探索相关问题的例外情况。

3. 在讨论奇迹之前和过程中，助人者应充分理解和共情来访者及其处境。

4. 助人者在来访者回答如何实现奇迹之前不应提供任何建议。

即学即用

如果你想与孩子的关系变好，请具体回答下面的问题，并记录下来。

一、看完这部分内容之后，你像往常一样做平日里该做的事，晚上在该睡觉的时间睡去。但是，奇迹在你睡觉的时候发生了，你所有的问题都解决了，孩子与你的关系变好了，那会是什么样子？

二、你发现的第一个小小的不同是什么？

三、其他的不同又是什么？

第15天

有目标才知道往哪个方向努力
——可以帮孩子确定方向的目标架构

许多父母觉得，让孩子“说”就是开明，自己“讲”就是沟通。殊不知，教养沟通是要“听懂”“理解”对方的表达。当父母愿意与孩子讨论他想达成的目标时，可以发现他真正的需要，会让他有被尊重的感觉，从而提升他的责任感，因为这个目标是他的选择，而非他人的想法。同时，当孩子发现自己的目标被父母“听懂”“理解”时，这于他而言具有极大的鼓舞作用。

案例分享

想要告白的高中生小祥

小祥是一名高中生，他跟妈妈说想找一个心理医生谈谈他的问题。正好小祥的阿姨因为孩子的问题曾跟我咨询过，所以小祥成了我的来访者。

我见小祥前和他妈妈谈过。接待不满 18 周岁的来访者之前，我习惯先和家长谈谈。小祥妈妈说，孩子没什么让她烦恼的，虽然不是偶像级帅哥，但身高 1.80 米，长相可爱。另外，他的成绩虽然不是全年级第一，但也维持在前 30 名以内。他和父母的关系虽不是无话不谈之类的，但也很融洽。

初见小祥时，我问小祥要跟我谈什么，小祥立刻跟我抱怨人生好烦、生活好无聊、每天都要花很多时间读书等。当我问他我可以帮什么忙时，他甚至跟我抱怨他自己："老师，我觉得我真是个 loser！我都不知道我为什么要活着。"

听到这句话，我有些担心。我先帮小祥做了一个简单的抑郁量表测试，发现他没有抑郁症风险。我进一步追问他怎么会有如此想法，他停顿一下说："我都已经上高二了，还没有谈过恋爱，是个'单身狗'。班上好多同学都有喜欢的人，几个好友都有女友，我也想要。"青少年除了会对异性、爱情表现出好奇外，互相之间也会进行比较。

为了不让自己陷入预设立场，我跟小祥确认："所以你今天想跟我谈人生问题，还是想要摆脱 loser 的问题？"

小祥："其实我想跟你谈怎么摆脱 loser 的问题，可是好难哦……"

我："怎样才不算 loser 呢？"

小祥悠悠地说："就是可以赶快告白，然后有一个女朋友。"

我："如果你有女友了，就不是 loser 了？"

小祥："是啊！其实我最近遇到一个心仪的女生，可是我没有勇气告白。”

以我对青少年的了解，小祥的犹豫有可能不是因为没有勇气，而是对这件事情很看重。毕竟，青少年的特点是冲动，他们往往想到什么就要做什么。我打算先用重新建构帮他看见自己的好，而不是只看到失败的部分。我对小祥说：“我猜，你很看重这件事，所以不会轻易行动，对吗？”

小祥重重地点头：“嗯！好像是这样。”

许多家长看到这里可能会有些担心，认为我应该赶快劝阻孩子，告诉他此阶段不适合谈恋爱。我知道，孩子不会因为别人劝阻而不去做。相反，他们在发展自我概念的时候，就是什么都要“试试看”，大人越阻止，他们越要尝试。所以与其劝阻，不如通过沟通帮助孩子厘清自己真正的需求是什么。孩子被理解之后，才会相应地做出比较成熟的行为而不会意气用事。

我：“所以今天你想跟我谈告白的事吗？如果告白成功，你就不是 loser 了？”

小祥：“对啊。”

我：“那你在考虑什么呢？”

小祥：“如果告白不成，我会很尴尬，我们可能连朋友都做不成了。”

我：“这倒是有可能发生，你的确需要仔细思量。”

小祥：“是吧！所以我才迟迟不敢。”

后来，我陪小祥讨论了告白的目的、成功、失败、代价等。小祥跟我说：“老师，看起来现在真的不是告白的好时机。就算我告白成功，我也没时间陪女友，我可是想好好经营感情的！”

我赞美小祥想好好对待感情的心意，也进一步追问小祥想怎么做。小祥看着我很认真地说：“老师，我现在可以做的应该是认真学习。明年考上理想的学校时，我就有很多时间陪女友了。”

SFBT 很看重行动，认为行动中孕育着希望，因此我问小祥：“那你现在可以做的第一小步是什么？”小祥看着我轻快地说：“那不就是好好听课、好好准备考试吗？”我看着小祥自信的样子，知道他已经找到目标。

在孩子的抱怨里寻找目标

许多家长误以为孩子很无知或年纪小不懂事，常想帮孩子做决定，认为这样做是为了孩子好，例如帮孩子填高考志愿。殊不知，此种行为很容易弱化孩子的思考能力，也很容易导致孩子不负责任甚至抑郁。在工作时，我常发现许多孩子不知道想要什么，因为他们的决定在家长眼中是“不成熟的”，久而久之他们自然会失去目标。家长在教养的过程中要协助孩子厘清目标。不能忽略的是，孩子的目标会随着谈话的过程有所变化。孩子不一定能在第一时间表达自己的目标，他们的目标甚至常常暗藏在抱怨里。所以，父母需要仔细聆听孩子的抱怨，并克服对孩子抱怨的厌烦，不要总想着立即纠正孩子。

案例中的小祥本来在抱怨人生好烦、生活好无聊、不想读书等，后来转而谈起他不想成为 loser。随着谈话的深入，我发现他真正想谈的是如何告白、怎么告白、什么时机告白比较好等。最后，谈话的结果是他决定暂时不告白，先好好学习。

SFBT 的三大架构分别是：过去（例外架构）→现在（目标架构）←未来（假设解决架构）。

聪明的父母应该发现了，无论是“过去的例外架构”，还是“未来的假设解决架构”，都服务于“现在的目标架构”。

目标架构

这是孩子想要达成的。要强调的是，它更看重孩子本身的想法与意愿，并不是父母强加于孩子的。

例外架构

例外是指孩子的问题没那么严重的时候，孩子的问题没有发生的时候，以及孩子曾经做得好的时候。例外架构的目的主要是让孩子觉察与发现这些例外存在时的成功经验，从而增强胜任感以及希望感。

假设解决架构

有时候孩子一下子找不到目标或不容易立马确定目标，可以使用假设解决架构的问句帮助他。

案例分享

拖拖拉拉不还书的孩子

我儿子上小学时，有一次他的联络簿上写着“图书逾期未归”。晚上签联络簿时，我没怎么在意，只是随意地问他：“发生什么事了？”儿子说：“我会好好处理，您别担心。”我想也是，所以就交给他自行处理。

我没想到一周后同样的字句又出现在联络簿上。我想这可不对劲，这件事情并没有处理好，于是我慎重地向儿子了解状况。他说事情多，所以忘了。我想这应该是没有针对目标进行详细讨论的结果。因此，我决定好好和他对话，帮助他达成“还书”的目标！

我先深吸一口气，调整自己的情绪，然后问儿子：“你打算什么时候去处理这件事呢？”

儿子不在乎地说：“都可以啦！啊，不然明天好了！”

我：“明天的什么时候呀？”

儿子开始有点不耐烦：“都可以啦！妈妈，你不要管那么多，反正我明天一定会去办好。你是不是不相信我？”

我心想，孩子真是聪明，知道亲子之间的“信任”议题很重要。因此我可要小心响应：“妈妈不是不相信你，而是想陪你去，可妈妈必须去上班。但是，我想参与你的处理过程。”这些话对于处理孩子的不耐烦很重要，父母可以通过这样的话表达对孩子的支持。

之后，我不厌其烦地又问一次：“那你打算明天什么时候去图书馆处理呀？”

儿子看我这么认真发问，并没有要放过他的意思，于是歪着头认真地想："嗯，早自习不行，时间太短。第一节课下课后，只有5分钟休息时间，也不行。唉！看起来只有第二节课下课后才可以。"

我："为什么呢？"

儿子："因为我们教室在四楼，图书馆在二楼，而且不只是跑下去还，还要跟图书馆阿姨说'我不小心将书弄丢了，但是我愿意接受处罚或赔偿'。这也要花时间。我第二节课下课后有15分钟休息时间。"

我："哇！很不错哟！原来你把书弄丢了，也愿意对这件事情负责。你考虑得很周到，你是怎么想到的呢？"

儿子自信地说："我都已经上四年级了，当然能够想到啊！"

第二天，儿子放学回家后很骄傲地对我说："妈妈，我已经将书的事情处理好了！你看，我是不是说到做到呀！"

动态想象可以让目标更容易达成

使用焦点解决取向与孩子工作时，不只要看见他外显的不当或偏差行为，还要发现孩子内在的想法。家长需要协助孩子把视角放在现在跟未来，而不是一直关注以前发生的问题事件。

父母陪伴孩子设定目标的过程中，一定要让孩子通过对话将目标达成的过程变成一个动态过程，也就是通过一来一往的对话，将行动在脑海中预先演练一次。这个在脑海中演练的过程，就是脑科学中“形象化想象”的过程。而且这个目标要是“正向”的。例如：“我不想再乱发脾气了”，这个目标就是负向目标；“我想有更多朋友”“我想被表扬”，这才是正向目标。正向目标更容易被大脑设定。

当孩子叙述怎么达成目标时，动态想象比静态想象更能促发主动的执行过程，可帮助孩子将目标设定得更具体化、细节化。孩子在这样的叙述过程中能主动修正不可行的部分，从而进一步提高达成目标的可能性。

孩子会遇到的问题，大致可以分为以下三类。

1. 家庭层面：亲子沟通、亲子关系。

2. 学校层面：师生关系、同学关系、学习问题。

3. 发展层面：生理发育、心理状况。

与孩子谈话过程中，不要带有负面语言，而要看见孩子的努力，例如：“虽然我知道当时你真的很生气，但是我发现你在努力控制。你真的很棒！”

谈话过程中，如果孩子回答“其实也还好”，那有可能是目标错了。家长可以再尝试其他方法，试着帮孩子找到正确的目标。若谈话过程中真的找不到目标，也可以问问孩子：“那我可以为你做什么呢？”要想办法了解孩子在乎的是什么。若孩子有“反复出现的问题”，则有可能是没找到方法，或是用错了方法。记住，孩子在乎的事情通常都会出现在“反复的问题”上。

家长愿意协助孩子辨认目标很重要。许多孩子都有很多“抱怨”，家长甚至要从他们的不当行为开始，协助他们分辨“目的”（想要什么）、“行为”（使用哪些方法）以及“代价”（会牺牲什么，或是会造成什么不好的后果）之间的关联，进而确定真正的目标。例如，孩子说：“我为了提高成绩（目标），每天可以多花一小时来复习功课（行为）。为此，我每天都要牺牲一小时的自由娱乐时间（代价）。”要让孩子通过对话将这些主动说出来，因为孩子自己说出来的过程是一个他进行自我检视的过程，可以帮助孩子思考。

目标应该是孩子想要的，而不是父母强加给他的，这才可以一步步帮助孩子达到他想要的目标。这个过程不但可以加深亲子之间的关系，还能增强孩子的各种能力，尤其是解决问题的能力。

即学即用

请一一回答下面的问题，然后帮助自己设定一个目标。

一、请先想一个自己想达成的正向目标。例如，我想更健康，而非我想减肥。

二、想一想，达成这个目标对你有什么帮助。

三、达成这个目标，会对生活中与你有重要关联的人（例如父母、兄弟、姐妹、配偶、孩子等）产生什么好的影响？

四、当你达成这个目标的时候，谁会为你感到开心？

五、为了达成这个目标，你会做些什么呢？

六、这个目标的细节有哪些？

七、为达成目标，你现在可以做的一小步是什么呢？

第16天

重要的例外情况
——让孩子发现正向价值的例外问句

SFBT 认为，凡事都有例外，问题也不例外。例外问句可以帮助当事人从不同角度看见同一问题的不同面。很多人陷入困扰的时候，只能看见事情的“黑面”（不好的部分），不易想到同一件事情可能还有小小的“白面”（较好的部分）。帮助当事人找到例外之后，还要通过细节将例外完整引导出来，并让当事人进一步将一次例外变成多次例外，直至最后将例外变成固定的行为模式。

案例分享

一个委屈的妈妈

宋雪是我的学员。她是来学 SFBT 的，学习非常认真，课后常常反思。

上了三期课程后，她来找我，想要申请一次亲子教养咨询。一开始，她给我讲了她上课之后的变化：“我一共上了三期课程。来上课前，我都是用打骂的方式教养小孩，但随着小孩渐渐长大，我发现我打骂他之后他会用仇恨的眼神看我。我不想我俩的关系变成这样，毕竟程程是我唯一的孩子。经过其他妈妈的介绍，我来跟您学习。开始时，我只是听懂了一些道理和方法，但是遇到真实事件，我还是没法活用老师在课程中教的方法。很多时候，怒气难抑的我根本没办法把老师教的运用好，只会事后懊恼。后来，我开始懂得停顿。我知道冲突继续下去，不但不利于彻底解决问题，还会造成内耗，所以我会通过深呼吸让自己冷静，让自己看见同一件事情的不同面，进而跟孩子好好沟通。即便如此，我还是很容易失控。毕竟只有我在改变，孩子并没有改变，还是会拼命挑战我的底线，拼命耍赖、任性、不配合。可喜可贺的是，现在，我不仅可以让自己停下来听，还会让孩子通过深呼吸、冷静思考应对自己的错误。我现在发现，不用暴怒，不用大声制止，让孩子自己检讨，他可以说出自己做了什么不对的事。尽管他现在仅仅是说出来，态度也不是很好，有点不情愿，但我觉得这对于极爱面子的他来讲已经很不容易了。”

听了宋雪的话，我感动极了。我看着眼前认真的宋雪，缓缓地对她说：“宋雪，听了你刚刚跟我分享的心路历程与收获，我很感动。教养孩子并不是一件容易的事，而你能在这个过程中坚持学习和实践，很不简单！你是怎么做到的呢？”

宋雪不好意思地摸摸自己的头说：“老师，其实我有无数次还是想打骂孩子，但一想到孩子那充满仇恨的眼神，再加上上了您的课之后我跟孩子的关系有所改善，我就坚持下来了。其实，上课对我挺有帮助的，我能一直接收到老师的正能量。老师在课程中会理解我们的难处，不批评我们做不好的地方，而是带领我们做正向训练。而且，老师在课程中也会跟我们分享自己教养孩子的方式，我觉得跟您学习准没错！”

我接着又问宋雪：“听起来你对上课很有体会，也想要坚持学习正向管教的方式，今天我能帮你什么忙呢？”宋雪说：“虽然我发现孩子在慢慢改变，但孩子马上就要进入青春期了，我真的很想在他进入青春期之前调整好教养方式。”接着她又说：“就像昨天，我们忘记带画画穿的衣服，我问他：‘糟糕，今天忘记带画画穿的衣服了，今天不穿可以吗？’他竟然很凶地对我说：‘你不知道今天要上水彩课吗？我当然要穿呀！你怎么没带呀？’”宋雪告诉我，程程上水彩课时必须穿画画穿的衣服。程程接着又命令她：“你现在马上回家帮我拿，这样我下午就可以好好上课了。”程程的态度不佳，她并不想回家帮他拿。她说：“孩子一直在人那么多的校门口对着我吼。我没冲上去揍他就不错了！老师，您别误会，这只是在形容我的心情。我自从上课后再没打过孩子，但我当时真的很难跟孩子正常对话。”

听了宋雪的描述，我先吸了一口气，知道此刻的她需要补充能量，于是问道：“在这样的状况下，你仍然没忘记来上课的初衷，真是不容易。同时，你还能觉察自己的困难。我想问问你以前是否处理过类似的事情？”宋雪第一时间说：“这种状况不胜枚举，以前我总是直接对着孩子骂回去，甚至直接打他一顿。”

我继续带着 Not-Knowing 的态度往下问：“咦，你刚刚说这样的状况常常发生？”宋雪带着苦笑说：“对啊，程程的恶劣行为简直罄竹难书。”我问：“那你在上课的过程中仍然会遇到类似的状况？”宋雪：“嗯，我只能忍耐。”我问：“那我很想知道，那天的‘画衣事件’是如何收场的？”宋雪说：“那天，我先按照老师说的鼻吸嘴吐的方式深呼吸了好几次，以让自己冷静下来，之后我跟自己说要好好面对和处理，最后我温和且坚定地跟孩子说：‘人和人相处要有礼貌，对父母更应如此。你想请我帮你去拿衣服，就要礼貌地请求妈妈。同时，你也要先问妈妈是否有空帮忙。’”

听起来宋雪处理得很好，她使用了我在课堂上教的“有界限的亲子沟通术”，既共情了孩子的情绪，同时温和而坚定地表达了自己的需求。于是，我赞美了宋雪。宋雪说：“陈老师，其实我对自己这样表达还是有点不自信。既然老师都表扬我了，那我对这件事的处理应该还好吧！”

我明白，我需要帮宋雪把这次的例外经验内化，于是我陪着她整理了这次例外经验的脉络：1. 面对孩子不好的态度时先深呼吸；2. 跟自己说这次要好好面对与处理；3. 使用有界限的亲子沟通术跟孩子对话。

接着，我问宋雪："虽然教养程程有些不容易，但你能好好地与程程沟通，值得称赞。下次与程程发生冲突时，你能按照这次的流程进行吗？"宋雪松了一口气，说："如果您认为这个方法是对的，我当然愿意！"

例外问句的重要性

焦点解决取向一般倾向采取最小介入原则，与传统的咨询理论多以找寻问题发生的成因不同。当人们把时间花在分析与探讨问题上，以问题为谈话焦点时，很容易在沟通时聚焦当事人的抱怨，执着于想要找出谁或是哪里出了问题，也会激发与问题相关的记忆，引发悲伤、焦虑、恐惧、愤怒等情绪。焦点解决取向不会探询过去，而将焦点放在问题的处理以及个体想要的未来上，更重视如何让个体看见自己的优势，以及如何与个体一起建构目标。

焦点解决取向所指的例外是当事人（孩子）的优势，即其所拥有的资源、力量、成功经验的总称，一般存在于问题没有发生或是问题不那么严重的时候。焦点解决取向相信没有事情是绝对相同的，问题也不会时时刻刻发生。例外能帮助当事人注意到这些，并产生力量，引发自我赋能，进而从小小的成功经验中找到行动的方向。找寻例外的目的，主要是希望孩子觉察与发现例外存在时的成功经验，进一步唤醒其内在资源与希望感。

例外的种类

焦点解决取向认为，问题并不会时刻发生，一定有没发生的例外。关键在于，已经发生的，是我们有意识的例外，还是随机发生的例外。如果是随机的例外，则需要将其变成有意识的例外，因为有意识的例外才有机会因重复而变成常态。

我的来访者小化喜欢和老师顶嘴，而有一次例外发生于排球比赛之前。老师强烈要求即将上场的小球员们讲礼貌，否则老师会阵前换将。小化因为很想参加比赛，所以那天表现得特别好，和老师意见不合时，也会很有礼貌地举手而非冲动地脱口而出。当我知道小化那天可以遵守规则时，我与小化仔细探讨了这次例外经验的细节，同时赞美小化可以控制自己，做个有礼貌的孩子。小化开心极了，他说在这之前并不知道自己能控制冲动，所以他当然愿意保持下去。

发生例外的时间也有两种：一是较远发生的例外，也就是例外发生的时间距离当下比较远；二是近期发生的例外。你认为哪一种例外比较容易重现呢？肯定是近期发生的例外，因为对于较近发生的例外我们印象更深。

如何使用例外问句

使用例外问句时，父母需要先了解事件发生的来龙去脉及孩子的想法。将脉络捋清楚之后，带着 Not-Knowing 的态度聆听，而不是先入为主地聆听，才有机会问出例外问句。

若孩子在你发出“例外问句”时马上回答“没有”，不要气馁。孩子需要提示，也需要时间思考。这时不妨鼓励孩子：“我知道一下子想出来确实不容易，但我会陪你，我们一起想好吗？”这样的响应不但可以给予孩子安全感，更是对孩子的支持。

我在陪伴来访者的过程中发现，许多人对于“好的例外经验”是陌生的，但对于“坏的例外经验”很快就可以想起来。有时，我们只要将日常思维颠倒一下，就能比较容易地找到“好的例外经验”。找着例外后，要仔细盘查问题的例外情况。接下来，可通过重复、强调、获取更多细节来强调这个例外。

对于例外的描述越详细，其力量越强大。

父母要不断地观察孩子，看看孩子“有没有想要做一些跟以前不一样的事”，或者“有没有看到自己和以前不一样的地方”，这对孩子而言十分重要。

当父母可以破除“全有或全无”的观念，并以此来处理孩子的问题时，就有机会进一步看见问题的例外情况。帮助孩子通过例外找到他不同的状态，可以让孩子看到更多可能性。生活中没有任何事只有负面，例外总会存在。问题没那么严重，或是孩子有不同的处理方式，都是例外。通过探索小小的例外，很容易找到解决方法，为生命增加光彩。

即学即用

想一个你与孩子之间因亲子关系不好而常出现的问题，然后问自己以下问题，并写下你的回答。

一、什么时候这个问题不存在或是相对不严重？

二、什么时候你做得更好一些？

三、此问题相对不严重的时候，情况是怎样的？你都做了些什么？

四、当时谁在你身边？

五、你是怎么做到的？

六、如果这个方式有效，你愿意多尝试几次吗？

七、什么情况下，你觉得可以让这个例外再次发生？

八、如果用10分制评价你对这个例外事件的接受程度，你会打几分？

九、为什么是这个分数？

十、好的例外发生时，你会给自己什么样的鼓励？

第17天

世界上没有理所当然
——从理所当然中寻找力量的应对问句

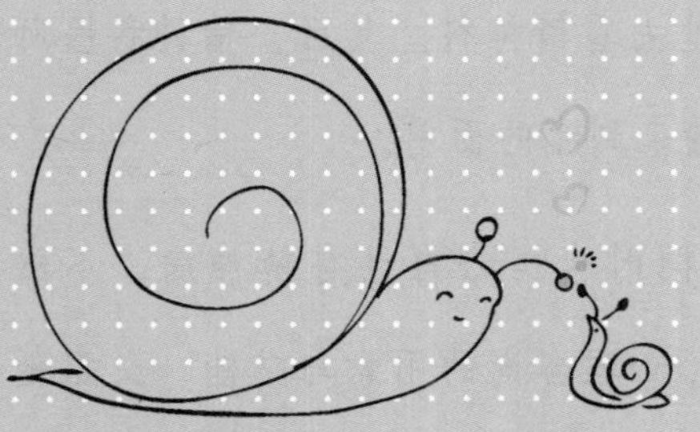

焦点解决理论认为，即便在艰苦的情境下，个体仍能生存，这是因为其拥有资源及能力。父母在教养中，要关注孩子的正向行为，帮助孩子看见自己在困境中永不放弃的能量，以及任何帮助自己的心意、努力。父母若有这样的态度，会让孩子更看重自己。

案例分享

被欺凌的纬瀚

纬瀚最近因为每天早上起床都会肚子痛而就医，但眼看过了两周，纬瀚也按时服药，病情却仍有反复。纬瀚父母不放心，带他做了进一步的检查。

儿科医师告诉纬瀚父母，纬瀚的身体看起来没什么毛病，可能是心理出了问题，最好带他去看精神科。其后，精神科医师建议纬瀚做心理咨询，于是纬瀚来到我的面前。

纬瀚开始时有些害羞，同时也担心自己有精神病，不然怎么要做咨询。我跟纬瀚解释了心理咨询的用意与功能，又跟他通过游戏治疗建立关系。纬瀚慢慢放下心防，开始跟我说他遭遇的事情。

原来胖胖的纬瀚在学校被同学叫“死胖子”。另外，因为很容易出汗，纬瀚身上常常有汗味，有些同学叫他“臭人”。纬瀚甚至告诉我，凡他摸过的东西，同学们都认为“有毒”，碰了会烂手。此外，纬瀚的动作比较慢，功课也没那么好，所以分组学习时常常没有人愿意和他组队。

我听了纬瀚跟我说的话，心里好心疼，同时也想通过谈话让他意识到自己的力量，于是我想到“应对问句”。我先问纬瀚：“好像你在学校有许多不如意，但老师也想问问你最近在学校的状况怎么样？”

纬瀚：“陈老师，其实我每天都不想上学，但我不敢跟爸妈说，所以还是每天都去上学。”

我猜想纬瀚肚子痛应该就是他因为不想上学而得的病。于是，我先问纬瀚不敢跟父母说的原因。

纬瀚低着头回答我：“爸爸妈妈一直以来对我很好。我考不好，他们都不会生气。他们为了养我跟弟弟，每天都很辛苦地工作。我弟弟有多动症，常常在学校惹事，爸妈常常到学校处理他的事情。我常看到妈妈因为弟弟的事偷偷掉眼泪。他们跟我说，他们对我们没有要求，只希望我们每天能乖乖上学。”

小小年纪的纬瀚竟然有如此心事，我听了真的好敬佩又好心酸，于是我跟纬瀚说：“你虽然不想上学，但因为记得爸妈的叮咛，所以还是天天去上学。我很想知道，这么不容易的事你是怎么做到的？”

你会不会觉得这个句型似曾相识？这个感觉是对的，因为“应对问句”和“赞美”可以说是一体两面。一个用在孩子能量高，也就是孩子有进步、有努力的时候，此时使用的是“赞美”。一个用在孩子能量低，也就是孩子当下的状况虽然不怎么好但仍在努力的时候，此时使用的是“应对问句”。

纬瀚并没有马上回答我的问话，但我看见他眼底闪着泪光，我知道他接收到了我问这句话的心意。

过了一会儿，纬瀚悠悠地说：“老师，我觉得爸妈很辛苦，我不想让他们担心。弟弟已经够麻烦了，如果我也不能好好在学校读书，他们岂不是更可怜。”

我希望纬瀚看见自己的力量，所以再度询问：“你在学校的日子并不好过，但始终将父母的辛苦放在心上，你是怎么做到的？”

纬瀚看了我一下，有点不好意思地说：“还好啦！”说完这句话的纬瀚似乎有了些力量，此前一直低着头的他此刻微微抬起头看着我。

我又问纬瀚：“你是怎样做到每天都来上学的？”

纬瀚：“我不想让爸妈担心我。”

我知道，虽然纬瀚父母对他的爱是真的，但目前只有爱显然无法真正帮到他。

于是，我问纬瀚：“那你为了让自己待在学校的时候好一点，都会做些什么？”

纬瀚说：“尽量不要去跟那些骂我的人打交道，尽量不要经过他们旁边。如果他们骂我，我就赶快离开，假装没听到。我现在在上补习班，每天也会记笔记，希望成绩变好一点。最近老师说我的功课有进步。”

我再一次表达对纬瀚的佩服：“意文老师很佩服你为了提高自己而做的努力，我也想跟你讨论怎么应对那些骂你的同学。”我想让纬瀚明白，处理欺凌并不能只靠息事宁人，而是要利用各种资源，要由外而内地改变，要勇于表达，如此才能让欺凌事件真正落幕。

我最近几年经常见到因遭遇欺凌而不想上学的孩子。欺凌是一种长期存在于校园的现象，具体指针对特定对象进行的有计划且具有伤害性的行为，是持续出现在固定孩子间的一种现象。

首先，我们讨论纬瀚被欺凌这件事。除了我，我们还可以让老师、父母加入帮助他的行列。

其次，我跟他解释青春期的多汗是怎么回事。纬瀚很快抓到处理的要诀：如果青春期的多汗是不可避免的，短期内治标的方法就是多带 1 ～ 2 条毛巾，在有体育课时多带一套衣服；长期治本的方法是控制体重，多运动，并在食物上做选择，少吃油腻食物，多吃蔬菜水果。

最后，我利用角色扮演与纬瀚演练如何在安全的情境下跟欺凌者对话，比如："我知道你不是故意叫我'死胖子''臭人'。你可能不知道这样很伤人，但我听了很不开心。请你以后不要这样叫我了！谢谢。"

之后，纬瀚按照我们所讨论的一步步推进。虽然到咨询结束时他还没有办法跟那些曾经欺凌他的人变成好朋友（其实也不需要），但是班上不再有人随意叫他"死胖子"和"臭人"了。另外，他的功课日渐进步，而且在班上交到了 2 个好朋友。

可以从困境中看见力量的应对问句

当孩子身处低潮或困境时，父母也许无法直接帮孩子解决问题，但可以运用应对问句帮助孩子觉察自身的力量，进而提升解决问题的能力。孩子的情形越糟，父母越要优先使用应对问句帮助孩子，激发他的内在力量，进而协助其解决当前的困境。用这样的问句引导孩子看到自己当下的潜力、能量，让孩子“看见”（意识到）自己的力量，有助于孩子朝解决之路前进。

父母在使用应对问句时，必须尽量引导孩子看到其正向行为。例如，上例中的纬瀚没有放弃自己，坚持每天上学，那么父母就要让孩子“看见”自己没有因为遭遇困境而放弃自己应该做的事。

应对问句的重点在于：1. 不求负面事件消失，而是先求负面事件不会变得更糟；2. 懂得与问题共处，即接受困境的发生；3. 将负面效应降至最低，看到正面价值；4. 没有理所当然的事，要看见孩子的努力。

运用应对问句，最重要的秘诀是“不把事情视为理所当然”。要使用应对问句帮助孩子看见不同角度的自己，帮他找到自己的力量，帮他意识到自己的力量。这可以扭转孩子看什么事情都只看负面部分的习惯，从而有助于他摆脱困境。同时，通过应对问句，可以激发孩子的自我修复力，帮助他看到自己当下的潜力，以及摆脱困境的能力。

请在日常生活中多多练习应对问句。多多练习，才能在遭遇困境时快速做出反应，让我们与孩子获得力量。

即学即用

孩子某天回家后跟你说：“我都没有朋友，没有人愿意跟我一组。我不想上学了。”你会怎么办？可参照以下思路应对，并做记录。

一、你的第一个想法是什么？

二、在这件事情上，孩子做得好的部分有哪些？

三、请用一个应对问句回应孩子。

四、孩子的回应是怎样的？

第18天

重要的一般化
——让孩子不再内耗的一般化技巧

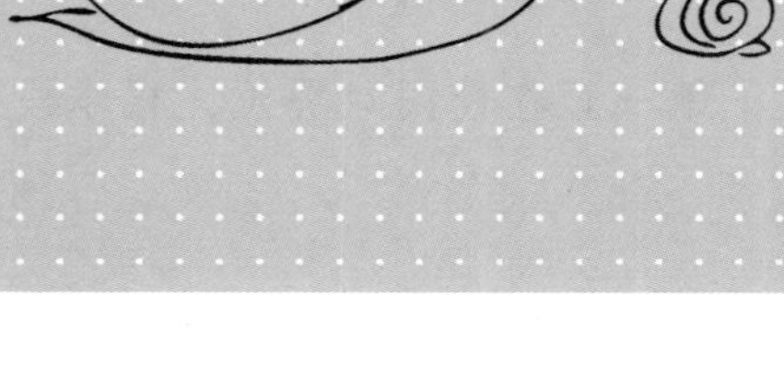

一般而言，一个追求完美的孩子，很容易陷自己于焦虑当中，担心自己这里不够好，紧张自己那里没做到。长期如此，不但让自己压力很大，也容易把紧张的情绪散播给父母，进而让全家都处于易激怒状态。这样焦虑的孩子很容易被评价为“爱钻牛角尖”，他们在紧张、焦虑时很容易做出有偏差的行为。这时如果父母学会“一般化技巧”，再配合不预设立场的聆听，很容易将孩子“从牛角尖里拽出来”。

案例分享

求胜心切的芊瑜

芊瑜是一名高中生，望女成凤的芊瑜父母并没有让她就读公立高中，而是让英文一直不错的她就读了一所私立高中，计划以后让她到其他国家读大学。

芊瑜妈妈来咨询时透露，芊瑜从小就表现不错，很好强，成绩一直很好，无论学什么很快就能上手。他们为了培养这个独生女，付出了不少心血，而芊瑜也一直没让他们失望。谁知，一次模考后，他们送芊瑜回学校时，她一直在校门口哭泣，根本没法下车，更不用说进校门了。他们只好把她带回家，并向学校请了病假。

芊瑜妈妈叹了一口气说道："但是也不能一直请病假啊！已经连续请三天了。"她担心地问我："陈老师，我们芊瑜是不是得了厌学症？"我问芊瑜妈妈怎么会这样想，她说："她没办法上学，一到校门口就哭，不是害怕上学是什么？"我先赞美了她仔细的观察与分析，然后跟她说孩子是否有厌学症需要到医院精神科做诊断，而我会和医生进行系统合作，一起帮芊瑜。她自责地说："我真是一个糟糕的母亲，没有工作了，孩子也照顾不好。"她说着哭了起来。

芊瑜妈妈这样的情况和思考方式，我不是第一次遇到。许多因为照顾孩子而离职的母亲，常觉得照顾孩子就是她们最重要的责任，好像孩子有问题是她们的罪过。然而，孩子在成长路上难免遭遇波折，怎么可能什么事都一帆风顺？

斯坦福大学心理学教授卡罗尔·德韦克通过长时间的分析调查认为，人的心态可分为两种，分别是"定型心态"和"成长心态"。

定型心态强调聪明才智天注定，认定一个人的成功在于天赋，相信能力天注定、凡事命定。拥有这种观念、心态的父母常希望孩子不要失败，很容易教养出定型心态的孩子。这种类型的孩子只做自己有把握的事，为了避免失败，不喜欢尝试新事物。

成长心态则强调天赋只是起点，就算是天才也得经历一番努力才能成功。这样的人相信人的才能可以经由锻炼提高，认为成功是做最好的自己，不需要一直跟别人比较。这样的人坚信，挫折和失败都是让我们修正自己的机会。拥有成长心态的父母会将孩子的失败视为理所当然，是获得进步的动力，所以不怕孩子失败与犯错。拥有成长心态的孩子会将失败视为改进自己的原动力，比较愿意接受挑战。

传统父母有非黑即白的观念，因此不太容易允许孩子犯错与失败。现代的父母虽然日渐开明，但这样的想法还是常常隐隐地存在于许多父母的潜意识中。我的一个来访者跟我说："老师，我妈妈常常说结果不重要，努力才重要，但只要我一考不好，她就会一直唠叨。不是说努力最重要吗？她难道没看见我每天都学到 12 点才睡觉？"

芊瑜妈妈的心态比较接近"定型心态"，她不允许自己出错，自然也不允许孩子出错。我想她需要"一般化"，如此才能让她不那么担心。

于是，我说："芊瑜妈妈，孩子在成长的路上不可能一路顺遂，不是吗？您从小成长到现在一直很顺利吗？”她摇摇头说：“怎么可能？”就在此时，我注意到她收住了眼泪。我问她：“你说‘怎么可能’的时候，心情好像有些变化，那是什么？”芊瑜妈妈有点不好意思地说：“我发现我太荒谬了。”

我不想让芊瑜妈妈掉入另一种自责，于是轻轻地拍拍她的手说：“虽然我们都知道孩子不可能无灾无难，但为人父母就是会如此盼望呀。”芊瑜妈妈露出被理解的神情：“老师，您真懂我。”随后她又问：“我可以让芊瑜来跟老师谈谈吗？也许老师可以找出帮助孩子的办法。”

此时，我知道芊瑜妈妈已经从焦虑与自责中走出，转而付诸行动。我跟她说：“如果芊瑜愿意，我当然可以跟她谈谈。”我们约定三天后与芊瑜见面。

芊瑜进入咨询室时，我问她想要我做什么。她马上问我：“老师，我想知道我有没有病？”我问她怎么会这样想，她说：“我觉得我有点不正常。”

我根据所学跟她说明，一个人有病识感的时候，一般不会有严重的心理疾病。也即，她担心自己有些不正常，反而可能是好事，因为这样可以促使她快速处理自己的问题。

我们一起讨论了她觉得自己有病的地方。芊瑜说：“我从小就不喜欢比别人差，也不喜欢输给别人。我的功课一直很好，但不知道为什么升入高中后我忽然觉得自己好像没那么聪明。这所高中的同学比我以前的同学厉害得多。我以前随便考都能考第一名。这次考试，我那么认真地准备，居然没考进前三名。连我最厉害的英文也没考过那些同学。我觉得很难受，我怎么努力都没办法赢他们，我真的好痛苦啊！”

我问芊瑜是在意没考进前三名，还是在意英文考得不够好？

芊瑜回答我：“其实我这次虽然没有考进前三名，但我只跟第三名差 1 分。我下次再努力一点，应该就会收获理想的成绩。但有些同学英文很厉害，我觉得我好像怎么努力都赢不了他们。”芊瑜为了追上同学，每天睡不到 6 小时，连周六和周日都在忙着念书，不让自己有一点娱乐。我问芊瑜为什么这样做？

芊瑜说：“老师，你知道吗，英文很厉害的那几个同学从小就接受全英文教育。老师跟我说，我的英文能有现在这样的水平已经很不简单了。”

我知道每个人都活在自己的主观世界里，如果当事人认知有偏差，其他人说再多，听起来也像是在安慰。所以我问芊瑜：“那老师这样说的时候，你的想法或感觉是什么？”芊瑜说：“我也不知道，所以才会那么烦恼。”我说：“我很努力但仍然追不上别人的时候，会觉得迷惘与痛苦。”芊瑜听到我这样说的时候，突然瞪大眼睛看着我，不敢相信地问我：“真的吗？你也会这样吗？你都读到博士了，也会有这种感觉？”

我知道我刚刚说的这句话对芊瑜产生了一般化的效果，于是我轻轻地点了点头。芊瑜摸着自己的胸口说：“我以为只有我会这样，没想到大人也会，老师也会。”我看着芊瑜慎重地说：“任何人都会。”芊瑜急忙问我：“老师，那我没有病喽！”我拍拍芊瑜的手说：“如果你因为有这样的想法就觉得自己有病，你的确没有病。可是如果这样的想法影响了你的日常生活，那就要进行调整。至于你有没有所谓的病症，还是要经过精神科医师诊断才能确定。就算你有心理疾病，也可以在医学治疗或心理咨询的协助下痊愈。你如果有严重的失眠、吃不下饭、食欲减退、情绪失控等情况，可以去看医生。”芊瑜说：“老师，我没有睡不着，只是睡不够啦！”我看芊瑜可以自嘲地开玩笑，就知道她的状况正在好转。

芊瑜又问我：“老师，我现在只要去上学，就会想到我不够好，然后就不想去学校，那我应该怎么办？”我知道，她这么积极参与对话，是真的想听不同的意见。即便如此，我还是问她：“你想听我的想法吗？”芊瑜很快地说：“当然，我觉得不能一直不去上学。”

我先用应对问句回应芊瑜："即便你觉得痛苦，你还是很想解决问题，老师其实很佩服你，也想知道你的力量从哪里来。"芊瑜不好意思地摇摇头说："啊！我就是不服输。"我跟芊瑜说："不服输很不错，是一种可以帮助人进步的力量。只是如果你的不服输会消耗太多精力的话，就要调整！"芊瑜很开心地说："老师，只有你跟我说不服输也很好，爸妈都说我这样不服输就是钻牛角尖。可是，我就是不服输。"

我猜芊瑜可能是因为父母的话而对"不服输"产生了焦虑，于是进一步使用一般化技巧："其实，老师认识很多跟你一样不服输的人，他们都在各自领域发挥了自己的能力。"芊瑜点点头："所以不服输不是问题，而是要发挥对？"我为这个孩子的聪慧感到十分惊喜，我说："哇！老师真的看见你的聪慧了，这么快就能抓到要领。"

芊瑜经过咨询后，不再执着于跟同学简单地比较，而是更专注于提高自己。后续我们又用两次咨询讨论她的长处与优势该如何发挥，以及如何平衡"不服输"的心态。

之后，芊瑜再也没有无法上学的问题了。

什么是一般化技巧

在孩子感觉只有自己有某些问题时，焦点解决取向建议使用一般化问句，消除孩子“被针对”的愤怒，缓解孩子的焦虑感。一般化技巧于孩子而言，意义在于以下三点。

1. 让孩子了解自己的困扰，别人也会遭遇。

2. 让孩子将困扰视为生命中必然会出现的挑战。如此，孩子才能接纳自己的情绪。

3. 促使孩子对自己的困难去病理化与个人化。病理化是指孩子觉得自己有毛病。个人化则是孩子觉得别人都好，只有自己不好。

对于事事要求完美以及青春期的孩子，一般化技巧很容易帮到他们。许多家长在学完一般化技巧时会发出这样的感叹：“老师，一般化就是让个体知道自己的问题没有太特别。”一旦知道自己的问题别人也可能遇到的时候，我们就会比较安心。

一个家长对我说：“老师，我以前读书的时候，如果某道题只有我不会，我就会觉得自己很糟。知道同学也不会时，我会自然产生一种安心感。这是不是就是一般化啊？”我觉得这个家长的形容很贴切，的确前一种是灾难化思维，后一种是一般化思维。我们因为某些事而焦虑的时候，若知道别人也是这样的，自然就不会那么担心了。SFBT 认为，人放下焦虑，才能把注意焦点转移至行动层面。

一般化技巧对于青春期孩子是必备技巧。每个人在青春期的发育状况都不同，但孩子常会担心自己与众不同，比如男生担心自己长不高、女生担心自己胸太小等。这时，父母如果先耐心聆听孩子的烦恼，再辅以发育相关知识的讲解，就可以安顿孩子因身体剧烈变化而不安的心理，而让孩子情绪保持稳定。

然而，并不是所有孩子遇到的困境都可以使用一般化技巧来处理。当孩子因为完美主义表现出焦虑，此技巧较为适用。若孩子本来就神经大条，对很多事情都不在意，对犯错也不在乎，不宜使用一般化技巧。例如，孩子在学校打人，父母却跟老师及孩子说："小孩在学校本来就会打打闹闹，这次也是如此。"这样就无法让神经大条的孩子感受到犯错带来的焦虑感，孩子对犯错没有焦虑感与罪恶感时，可能会一再犯同类错误。

一般化技巧主要用在孩子因某些事情而焦虑时，可让孩子知道，别人也会产生类似困扰，要视困难为挑战，接受自己当下的情绪，去除个人病理化观念。

此外，焦点解决的一般化技巧也可帮助当事人将许多观念由重转轻。例如，孩子说，我“真的”想要“揍死他”，我们可以响应，你“曾经”很想要“狠狠地揍他”；孩子说，我“再也不要”跟他做朋友了，我们可以改为，你“现在不要”跟他做朋友了；孩子说，我“睡不着”，一定是得了“抑郁症”，我们可以改为，“许多人”在睡不着的时候，也会有这种担心；等等。如此一来，我们可以帮孩子把“严重的”“病理化的”观念转换为较为合理的描述，孩子由此可以将自己的注意力转移到“解决之道”上，从而避免虚耗。

即学即用

请根据以下两个情境做练习。即使你家孩子没有类似的状况，也请你练习一下。

情境一：孩子在考试前跟你说：“我怎么努力都不行，我一定考不好了！”

情境二：孩子某天放学回家后哭着跟你说：“怎么办？我跟朋友吵架了，他一定不会理我了。”

请使用一般化技巧回应孩子，然后观察孩子的反应，并做记录。

第19天

重要的他人
——强调重要他人影响力的关系问句

对人类而言，社会关系是很重要的。小时候，我们重要的关系人是父母或主要照顾者。我们年纪渐长之后，重要的关系人又增加了师长、同学、朋友等。研究犯罪学的学者特拉维斯·赫胥提到："人太容易因为各种诱因而犯罪。"在他看来，犯罪似乎是人的本性所趋。举例来说：我家对面就是孩子就读的小学，但孩子必须绕一段路才有斑马线，才能过马路，如果时间来不及，有人就会横穿马路。但特拉维斯·赫胥也观察到，人类还是可以通过四个不同的因素抵抗犯罪，首要因素就是"依附"。

人的最重要依附者是父母或主要照顾者。研究发现，一个人对于父母或是主要照顾者的依附越强，他越能在做出具体行为前认真思考，越不容易犯罪或做出偏差行为。

案例分享

浪子回头的育明

正在读初中的育明除了屡屡打架闹事、上课与老师顶嘴，还与社会闲散人员往来密切，因此他父母带他来到我的咨询室。

一开始，育明一句话都不说，见我对他没什么敌意、没有对他进行说教，才打开了话匣子。

育明的爸爸长年在外工作，很少回家。育明有个比他大两岁的哥哥，但他们俩读同一年级。育明说，哥哥就是个没有主见的家伙，他虽然成绩不错，但只会听话，没什么用。另外，在育明的印象里，爸爸就算回家也很忙，每天都工作到很晚。最近育明一直闯祸，爸爸在家的时间多了很多。育明说他跟爸爸“很不熟”，但爸爸对他很大方，每次回家都会给他带球鞋、衣服。他跟爸爸提要求，一般有求必应，但爸爸对他们兄弟俩的学习要求比较严格。我问育明爸爸最常跟他说的话是什么，他冷笑道：“要听妈妈的话，要乖，要好好学习，将来才有出息。”

育明的妈妈很忙碌，虽然没有上班，却需要照顾两个孩子和年迈的公公，最常跟育明说的话是：“要乖，要听话，不要只顾着玩，要跟哥哥多学习。”

当育明说到这里的时候，我知道，他正处于心理发展的自我认同阶段，十分看重自己与众不同的地方，偏偏哥哥又跟他读同一年级，因此他俩一直被父母比来比去。于是，我问：“所以你想做一个和哥哥不同的人，是吗？”他回答：“对啊，我爸妈都偏心哥哥，觉得他比较好。我要让他们知道，只靠成绩，不一定能混好。”我问他混好不靠成绩靠什么，他开朗地说：“当然要靠朋友啊！我在社会上有很多朋友。”我知道他所谓的朋友，就是家长、老师口中的社会闲散人员。

我担心育明走入歧途，知道此时需要强有力的力量拉他一把。这时，我想到了“关系问句”。

我问育明：“如果你做了一些错事，谁最担心你？”他停顿了一下，说出了我没想到的答案：“应该是爷爷吧！”原来育明和哥哥是由爷爷带大的。我请育明说点他跟爷爷相处的细节，他说他现在不太敢单独面对爷爷，因为他每次看到爷爷都会觉得很难过。他告诉我：“爷爷是这个世界上对我最好的人，他总说我可爱，说我很棒、很聪明，也不会像爸妈一样一直叫我跟哥哥学习。”育明说到这里时眼睛里泛着泪光。

这时，我知道了，爷爷是育明强有力的重要的正向力量。接着，我请育明想象爷爷就坐在他对面的椅子上。我问育明：“如果爷爷要跟你聊聊，他会跟你说些什么？”育明停了一下说：“爷爷应该也会让我好好学习、好好生活。如果我出事了，爷爷应该很伤心。”

可以帮助孩子学会换位思考的关系问句

关系问句重视个人生活系统，以及系统中重要人物对孩子的影响。一个孩子的生活系统通常包括父母、兄弟姐妹、爷爷、奶奶、外公、外婆、老师、同学、朋友、邻居等人。如果让孩子生活中的重要人物的观点参与到孩子的思考当中，有助于丰富与落实孩子的目标或解决办法，也会让孩子学会换位思考。案例中育明的爷爷，对育明而言就是非常重要的人物。

通过与孩子沟通，寻找生活系统中的支持性力量很重要。例如，谁目前最关心你的状况？过去的生活里谁曾经帮助过你？现在谁最能帮到你？如果你的问题解决了，谁会为你感到高兴？等等。关系问句可以帮助孩子跳脱原来的思维，有时候甚至可让孩子说出自己对于是非曲直的理解，从而让他真正成为解决自己问题的专家。

我跟孩子工作时常发现，他们对大人的建议、说教极为反感。许多家长都跟我说，他们现在不打孩子了，开始跟孩子“好好说”，但我发现他们的方法多是建议与说教。

总之，使用关系问句不但可以帮孩子跳脱原来的思维，还可以让孩子说出自己的想法，成为解决自己问题的专家。所以，我们只有成为孩子的重要人物，孩子才愿意分享，我们也才有机会真正帮到他。

即学即用

请通过以下方式帮孩子确认他的重要人物。

一、你认为孩子生活中有哪些重要人物？

二、运用以下问句与孩子一一核实、确认他心中的重要人物：谁目前最关心你的状况？过去的生活里谁曾经帮助过你？你有困难的时候，最想找谁帮忙？现在谁最能帮到你？如果你被表扬了，最想跟谁分享？如果你的问题解决了，谁会为你感到高兴？等等。请记录孩子眼里的重要人物。

三、孩子回答上述问题时，他的反应是什么？请记录孩子的反应。

第 20 天

破除全有全无思维
——让问题更具体的评量问句

今天我要跟各位分享一个在日常生活中很容易执行的技巧——评量问句。评量问句，顾名思义，就是把抽象的东西，例如心情、困难、信心、努力等，以量化的形式呈现出来。评量问句可以让我们跟孩子的沟通更为顺畅，也可以让亲子关系更和谐。

案例分享

情绪失控的小玫瑰

小玫瑰的妈妈是我的父母成长团的成员。上小学四年级的小玫瑰平常是个活泼的孩子，学习成绩和自理能力都很好。她的班主任是一个关心孩子、十分用心的老师。

一天，小玫瑰的班主任打电话给小玫瑰妈妈，说小玫瑰本来好好的，但中午的时候与同学发生了一点冲突，然后一直哭且不肯跟任何人说话。班主任试着靠近她并询问发生了什么事，但她只是一直哭，并把班主任推开了。

小玫瑰妈妈请老师询问小玫瑰要不要与妈妈通话，她同意了。

小玫瑰妈妈：“小玫瑰，你怎么了，还好吗？”

小玫瑰哭得上气不接下气，妈妈很心疼，很想立即冲到孩子身边，但她知道如果她这样做，孩子永远也长不大，以后遇到困难会一直等妈妈来“解救”。她知道，只有自己先稳住，才有机会帮到女儿。在等待和倾听小玫瑰说话的同时，她深呼吸几次，力求稳住自己。

小玫瑰妈妈等了 1 ～ 2 分钟后说：“现在好点了吗？”

小玫瑰用微弱的声音说：“嗯。”

小玫瑰妈妈：“现在可以说话了吗？”

小玫瑰：“嗯。”

小玫瑰妈妈：“嗯，是可以的意思吗？”

小玫瑰：“可以。”

小玫瑰妈妈：“你告诉妈妈，我现在做什么对你有帮助？老师可以怎么帮你？”

小玫瑰边啜泣边说了一些话。

小玫瑰妈妈实在听不清楚：“我现在在地铁站。这边有点吵，所以我听不清楚你在说什么，请大声一些再说一次！”

小玫瑰又说了一些话。

小玫瑰妈妈还是听不清楚，她想起在父母教养课堂中学过的评量问句，于是问小玫瑰："如果用10分制为你的心情打分，分数越高表示你的心情越好，你现在会给自己打几分？"

小玫瑰："1分。"

这个用分数来衡量心情的技巧，是小玫瑰妈妈学习SFBT后使用得最得心应手的技巧。老师在父母训练课堂上跟大家说，孩子很喜欢打分，所以小玫瑰妈妈学了这个技巧后，就在小玫瑰每天回家时跟她玩心情温度计游戏（给心情打分的游戏），借着孩子每天的回答了解孩子的心情。

小玫瑰妈妈心里大喊不妙，因为1分是小玫瑰给自己打分以来打的最低分。小玫瑰妈妈记得老师教过，这时要先用鼻吸嘴吐的深呼吸法让自己稳住。然后，她让小玫瑰解释一下："小玫瑰，你跟妈妈说，为什么是1分？"

小玫瑰："因为我现在心情很不好，中午的时候我跟萱萱（小玫瑰在学校里最好的朋友）吵架了。"

小玫瑰妈妈："那你跟妈妈说，现在我做什么会对给自己打1分的你有帮助？老师可以怎么帮你？"

小玫瑰："我想一个人静一静。"

小玫瑰妈妈复述女儿的回答："你想一个人静一静！"

小玫瑰："嗯。"

小玫瑰妈妈终于听懂了，心里一阵欢呼。同时，她知道，孩子能够说出来，就好了一半。但她也知道，这样还不够，要让小玫瑰说说细节，才有助于班主任执行。于是，她继续问小玫瑰："一个人静一静，需要离开教室吗？"

小玫瑰："不用。"

小玫瑰妈妈："所以，可以在教室里，是吗？"

小玫瑰："可以。"

小玫瑰妈妈："老师可以帮什么忙？"

小玫瑰停止啜泣："不要叫同学来问我，老师也不要一直来问我，我现在不想说话。"

小玫瑰妈妈见她停止啜泣，知道她的情绪在慢慢稳定，于是大胆地进一步询问："我做些什么可以让你的心情从 1 分变为 2 分？"

小玫瑰："从现在开始不要跟我说话，我要自己安静地坐在位子上。"

小玫瑰妈妈知道女儿需要一个独处的空间，等情绪风暴过去。同时，她也明白女儿此刻在学校，处于一个集体之中，需要对此有一个现实感的理解，毕竟她已经上四年级了。她决定再帮女儿一把。

小玫瑰妈妈：“好，我会请老师帮忙。如果从现在到午休结束，没有人打扰你，你的心情会变成几分？”

小玫瑰：“大概3分或是4分吧。”

小玫瑰妈妈：“虽然你心情很不好，但还是愿意思考并回答我的问题，妈妈觉得你很棒。同时，你还可以让自己的心情温度计升温，妈妈觉得你很不容易。”

之后，小玫瑰妈妈告诉班主任，在午休结束之前不要让任何人跟小玫瑰讲话，给她一个独处的空间。班主任立即表示愿意配合。

下午，班主任发信息告诉小玫瑰妈妈，小玫瑰已经完全恢复正常。

你发现了吗，小玫瑰妈妈在处理此事过程中，完全没有制止小玫瑰哭，对于原因也只有稍加探询，并没有把重点放在处理“原因”上，而是通过评量问句，一步步让孩子冷静下来，最终成功化解危机。

使用评量问句帮助孩子向前迈进

我常在父母课堂上被家长问——如何和孩子“冷静”讨论考试成绩，因为许多家长发现很难平心静气地与孩子讨论考试成绩。其实，评量问句很适合解决此类困扰。

当孩子回家后拿出考卷，或是告知你一项成绩，你该怎么回应呢?

Step1：先询问孩子对此成绩的满意程度：“你对这个成绩满意吗？按 10 分制打分的话，你给自己打几分？”

Step2：无论孩子给自己打几分，家长听到分数后都不要评论，可以继续提问：“为什么是这个分数呢？”

Step3：询问孩子对这个成绩满意的地方是什么？不满意的地方是什么?

Step4：接下来，询问：“在什么情况下，你会给自己打 1 分？”

Step5：最后询问：“如果你想取得更大的进步，现在可以帮助你的第一小步是什么？”

评量问句是开放式问句，不会导致孩子对成绩满意但父母对成绩不满意的状况。同时，最后的引导聚焦于行动，可以协助孩子向前迈进。这样的讨论不但可以帮助亲子双方将注意力集中在问题的解决上，也会让孩子更负责任，更有机会付诸行动，达到改变。

评量问句的功能与注意事项

评量问句的好处是可以帮助孩子理解他当下的状态。有一天，我的一个来访者一进咨询室，就跟我说他非常生气，因为他刚刚跟同学吵架了。于是，我先请他量一量自己现在有多生气。他为自己的生气程度打分时，竟然告诉我，他其实还好，并打了 7 分。更有趣的是，他这样说完，又告诉我，他以为自己特别生气，但给自己打分时，发现自己没有想象中那么生气。而且，在打分过程中，他把事情的来龙去脉给我讲了一遍，好像借此也捋清楚了自己为什么生气。可见，评量问句对于引导孩子发展自我觉察很有帮助。

总体而言，评量问句的功能包括以下几点。

1. 可以引导孩子说出心中的理想或愿景。例如，可以问孩子现在是几分？理想的状况是几分？

2. 有助于操作步骤的具体化。例如，为了达到理想的分数，孩子可以做些什么？让孩子说出 1 ～ 3 个具体行动。

3. 有助于了解孩子的状况与努力。例如，询问孩子之前的状况是几分？现在的状况是几分？他做了哪些努力？

4. 可以协助孩子思考下一步的具体行动。例如，为了达到理想的分数，他马上可以做的第一小步是什么？

5. 可以协助孩子进行自我觉察，增进对自己的了解。请见上面的案例。

6. 可以帮助孩子表达一时无法说明的内在状况或目标，从而进一步了解孩子的状况。

使用评量问句时，要注意的是，分数只是一个帮助我们理解孩子以及与孩子沟通的切口，所以并非分数越高越好。父母听到任何分数都能够冷静应对时，孩子才愿意将真实的想法表达出来。最重要的是，评量问句可以促发行动层面的改变，所以永远要记得问孩子：“你接下来要做的第一小步是什么？”

即学即用

如果请你给自己打分，以此评价你阅读此书以来取得的进步，你会打多少分？并将原因写下来。

一、你给自己打的分数是多少？

二、原因是什么？

三、如果再努力一步，你能得几分？

四、当你的分数增加了，你是什么样子？

五、你马上可以做的第一小步是什么？

第 21 天

并行不悖，多管齐下
——和焦点解决取向融合使用的其他方法

我发现焦点解决取向（SFBT）不但在学习上容易入手，学习之后更能感觉到它的博大精深。在越学越有滋味的过程中，可以不断印证，学习焦点解决取向，并不用抛弃原来所学。焦点解决取向可以和许多家教方法融合应用。

案例分享

通过绘本爱上刷牙的乐乐

喜欢听故事是人的本能，不只小孩喜欢听故事，大人其实也喜欢听故事。基于故事，我们无须亲身经历，也能身临其境地学习。

乐乐上幼儿园中班的时候，因为目睹父母暴力相向、长期被家人忽视，出现暴力行为，随后来到我这里进行心理咨询。

我去学校协助他的时候，学校把我们安排在图书室。于是，我和乐乐约定，每次见面，我都会给他讲三本绘本。他好开心："自从妈妈离开之后，就没人讲故事给我听了。"从与他的交谈中，我发现，虽然幼儿园的老师也会说故事给孩子听，但那不会给孩子"专属"的感觉。因此，我"只为了他"讲故事，对他而言很重要。

第三次心理咨询前，他的老师偷偷把我拉到一旁，告诉我："孩子最近卫生习惯越来越差，他尤其不喜欢刷牙，老师们很担心。"老师希望我可以帮忙处理。学习过焦点解决的我一直认为"合作很重要"，所以无论和咨询对象还是和系统（例如学校）的合作都会被我纳入咨询计划中。我相信，孩子的行为或是环境好转时，会启动"一个小改变带来大改变"的正向循环。因此，当老师有这样的需求时，我会想办法将它纳入心理咨询中。

一如往常，我请乐乐选三本绘本。令我惊讶的是，乐乐选的其中一本是《小熊不刷牙》。我在讲绘本的过程中，一边讲故事，一边扮演一个不爱刷牙的人。当我讲到故事主角不爱刷牙时，我跟乐乐说："哎呀！刷牙真的好麻烦呀！"乐乐一本正经地纠正我："陈老师，不刷牙会导致蛀牙，而且不刷牙的宝宝不是乖宝宝！"

我从与乐乐的互动中发现，我越脱序，乐乐就越要扮演师长的角色，纠正我、劝导我。我索性投入故事，当个小孩。

那天工作结束后，乐乐和我分开前，不断忧心忡忡地叮嘱我要记得乖乖地刷牙，这样牙齿才不会掉光光。我趁这个机会和乐乐拉钩，约定我们都要当乖宝宝，好好刷牙。

隔周到学校时，老师惊喜地对我说："陈老师，你用了什么方法，乐乐这周每天都会很认真地刷牙！"

使用绘本解决问题的窍门

我常常看见老师或父母使用绘本与孩子做活动，但是只说故事是一件很可惜的事情。绘本里有太多智慧，只说故事很容易让孩子只听故事。在给孩子讲绘本时，不能单纯念绘本，而是要在这个过程中穿插各种现实问题或生活中的情境。

我在工作中常使用"开放式结局"的技巧，也就是不将整个故事说完，给孩子一个空间，让孩子思考、想象。这种方式不但有趣，也可增加讨论的空间。同时，说（不是念）完绘本之后，还要与孩子讨论，将绘本的现实意义挖掘到极致。

以《我变成一只喷火龙了》为例，我会将故事停在"没办法了吧，波泰说"，然后缓缓将书合上，请孩子回答下面几个问题：

1. 故事中的主角阿古力有哪三种情绪？

2. 他虽然有那么多负面情绪，但他还是努力地找寻解决问题的方法，他是怎么做到一直努力的呢？

3. 帮助故事主角想三个解决问题的方法。这里的方法既不能伤害自己，也不能伤害他人。

4. 一个爱生气的人有哪些缺点？请想三个。

5. 什么事情容易惹你生气？请想三件。

6. 当你生气时，你会怎么办？怎样才能让你不生气？请列出三个方法。

当上述 6 个问题得到充分讨论之后，我会再问孩子第七个问题——如何从别人的分享中找到适合自己的解决方法？

我问这 7 个问题分别有以下用意：

1. 培养孩子的同理心，让孩子拥有换位思考的能力。

2. 应用焦点解决取向中的应对问句唤醒孩子的思考力。

3. 提升孩子解决问题的能力。

4. 增强孩子的观察能力，为拓展孩子的应对能力做准备。

5. 增强孩子的自我觉察能力。

6. 帮助孩子了解自己，同时帮助父母理解孩子是如何应对负面情绪的。

7. 拓展孩子解决问题的能力。

在工作中，我观察到孩子的需求以情绪价值需求为主，所以引导孩子在读故事的过程中体验故事主角的心情与情绪变化，并学习科学处理负面情绪的方法，可以协助孩子正确认识和处理负面情绪。这是父母在培养孩子情商时的重要任务。可以多使用绘本协助孩子拓展思考能力，提升解决问题的能力，进而帮助其发展更完整的人格。

用完形心理学技巧为孩子孵一个好梦

在心理咨询过程中，我发现很多孩子会做噩梦，但父母无力应对。

看着被噩梦困扰的孩子，却无法提供帮助，很多父母心中充满了无力感。其实，可以利用完形心理学技巧，帮助孩子孵一个好梦。

完形心理学派十分看重关于梦境的体验。对孩子而言，我们可以大方谈论他的梦境，并结合焦点解决取向中的“重新建构”追求好的结果。

梦是现实生活的一种投射。当因一个问题而苦恼时，我们会持续关注这个问题，会给潜意识一个有效的引导与暗示，接着我们便会通过梦境体验相关现实问题。

对于孩子来说，梦有许多功能。借由梦境，孩子可以自由表达，例如，孩子觉得父母偏心，在梦里会反抗父母。梦可能是孩子表达焦虑的通道，例如，焦虑的孩子可能会做关于地震、担心大家都死掉的梦。孩子可能通过梦境达成现实中无法满足的需求，例如，孤单的孩子可能会做有好多朋友陪伴的梦。孩子可能通过梦境处理现实中没有解决的未完成事件，例如，有人抢走了孩子的玩具，孩子可能会做关于正义超人的梦。

我在与孩子工作，协助孩子处理因梦而产生的困扰的时候，特别留意孩子对于梦境的叙述。接下来，我会通过一个新的故事探讨协助孩子重新建构梦的过程。

案例分享

害怕睡觉的新新

上小学一年级的新新已经因为做噩梦两三天无法按时正常入

睡了。曾受过虐待的他住在相关机构，工作人员告诉我，新新每天入睡前都特别焦虑、恐惧。有时，勉强入睡的他常在尖叫中醒来。工作人员不知如何是好，于是请我来帮忙。

处理孩子噩梦的程序如下。

第一步：专心聆听孩子描述噩梦，同时换位思考，共情孩子。不管孩子的噩梦有多荒诞，也要认真聆听，不要急着打断孩子。孩子发现大人能够仔细聆听的时候，会感觉很安心，才有力量面对噩梦。

新新跟我讲了他的噩梦："有一个留着长头发的女生，拿着尖尖的东西，一直在我后面追我。我好害怕，外面好黑哟……"我："嗯，所以新新好害怕，不知道该怎么办，好想有人来救你！"

第二步：以第一人称"接"住孩子的梦。

当新新说完他的噩梦时，我以第一人称接着"做"他的梦："我在一个好黑的地方，我后面有一个长头发的女生拿着尖尖的东西在追我。我好害怕，只好拼命地往前跑。就在这个时候，我突然看到了我们主任（保护者）。他问我跑什么？我告诉他原因之后，他牵起我的手，让我不要害怕，他说会带我回家。"

第三步：不管你"接"的梦境有多不合逻辑，但最后的结局一定要是“好结局”。

我接着说：“正在这个时候，那个女生突然又从远远的地方跑过来。我紧张得不得了，主任不但紧紧地牵着我的手，还把我藏在他的身后（保护）。同时，他面对那个长头发女生，大声地问：‘你是谁？为什么要一直追新新？’女生这时停下来，上气不接下气地说：‘我是医院的护士阿姨，最近有流行病，我想帮新新打预防针（保护）。’”

我讲到这里时，新新露出了大大的微笑。我问新新笑什么，他画了一幅画送给我。画上有一个开心的小男孩，旁边写着“我好快乐”。我知道，经过“重新建构”的引导，新新不再害怕“可怕”的梦境了。

所以，孩子做了噩梦时，可以尝试替孩子“做一个好梦”，让孩子不再被噩梦困扰。每一个人的梦中都蕴藏着潜意识。让我们一起开启梦的剧场，帮孩子解决“梦”里的疑问与困惑。

用叙事治疗技巧解决孩子的问题

焦点解决取向与叙事治疗都是受后现代主义影响而产生的治疗方式。后现代主义相信：所谓真实，是我们用语言以及经验建构出来的。因此，若你认为自己有问题，那就是真有问题。

人其实不等于问题。也就是说，我们会被问题影响，但我们不等同于问题。

例如，有孩子在第一次见我时就告诉我："陈老师，我是多动儿。"孩子自我认同为多动儿，这是一个内化。我会这样回应："谢谢你告诉我，你有多动的情形。"我用语言让孩子知道，他不等同于多动，多动只是他的一部分。实际上，多动状况与孩子本身是互相影响的，见下图。

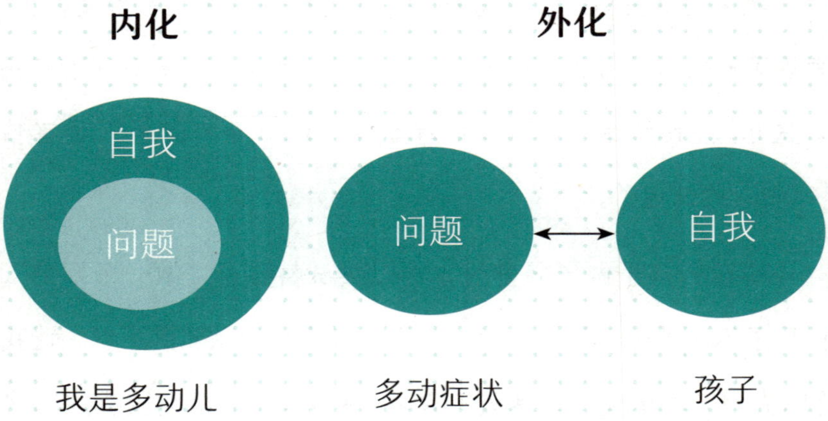

我不会标签化咨询对象，而是会把他们和问题分开来看。问题不等于个体本身，个体只是被问题影响了。例如，别用"坏孩子"来形容有偏差行为的孩子，可以说他"有一些偏差(不当行为)"。如此一来，我们才能看见孩子问题之外的部分，才能促进合作，迈向解决之道。

焦点解决取向是一种高度使用语言的治疗方式。然而，在与儿童青少年工作的过程中，我发现有时需要借助一些媒介，才能更有效地帮助孩子。

叙事治疗与焦点解决取向同受后现代主义影响，也都有外化技巧。叙事治疗的外化技巧，更适用于解决儿童青少年的问题。因此，我将它融入我的心理咨询中。

当问题可以以拟人化的方式被好好讨论的时候，我发现，咨询对象很容易就可以明白，问题不等同于他本身，从而可以放下被问题捆绑的焦虑与无力感，好好地想怎么才能帮到自己。

案例分享

慢吞吞的小归

小归是一名小学三年级的学生，他的妈妈再也没有办法忍受他做什么事都慢吞吞的样子，于是带他来到我的面前。我见他轻松自在的样子，竟觉得他十分可爱。我问小归有什么需要我帮助的，小归说："我就是慢吞吞呀！"一听到儿子主动提了这个问题，小归的妈妈在旁边赶紧补充小归的"慢吞吞"到底给他们带来了什么困扰。妈妈说："小归从小就慢吞吞的，做什么事都不看状况，完全依照自己的节奏做。"

我看着小归，小归似乎没有被妈妈的困扰与陈述影响，还是很自在地坐着。我问小归，妈妈这样说他，他心里有什么感觉。小归点点头，似乎也很认同妈妈的说法。

在征得小归的同意之后，我请他妈妈出去，在外面等候。小归妈妈虽然有些不放心，但也愿意照做。我观察到小归似乎已经认同自己的慢吞吞，而他妈妈的陈述只会强调此点。因此，我请他妈妈先出去，计划单独与小归聊。

我拿出一张纸，请小归将他的慢吞吞行为画出来。不一会儿，小归在纸上画了一只乌龟。

我请小归给他的慢吞吞行为取一个名字，小归马上就取了"小乌龟"这个名字。

接着，我开始使用叙事治疗的外化技巧和小归对谈。我问小归："小乌龟几岁了呀？（小乌龟几岁开始跟着小归？）"

小归说："我今年8岁，妈妈说我从小就慢吞吞，我觉得小乌龟可能也有8岁了。"

我回答："你觉得小乌龟是从什么时候开始跟着你的？"

小归想了一下："也许是从幼儿园开始的吧。我现在上三年级，小乌龟应该有5岁了。"

我告诉小归，以他推算的年龄为准，暂定小乌龟5岁，若之后要更改也可以。小归露出了笑容。

我问，小乌龟喜欢什么？

小归说："小乌龟喜欢慢吞吞、自由自在。"

我问，小乌龟不喜欢什么？

小归说："小乌龟不喜欢别人一直让它快一点，它就是做不到！"

小归还告诉我，在学校的时候，每次大家集合时，老师都会一直提醒他动作快一点。可是，当老师、同学都这样说的时候，他就会觉得很紧张，因而会一直出错，快不起来。

我问，他的小乌龟什么时候更慢？我请他告诉我三个答案。

小归说："就是我走神、没注意听、一直被骂的时候。"

我谢谢小归之后，又问他："你的小乌龟什么时候会变小呢？"我请小归告诉我三个答案。

小归说："我不要它变小啦，这样它会死掉！"

我问小归为何会这样想，小归告诉我："哪有宠物越养越小？那它会营养不良，会死掉啊！”

小归快要哭了。我这才注意到小归的小乌龟画得很大，几乎占满整张纸。

我心生一计，问小归：“所以，你其实蛮喜欢小乌龟的？”

小归对我点点头，然后说：“但是大家都不喜欢小乌龟。”

我慎重地告诉小归：“那也许是因为小乌龟每次出来的时机不对。小乌龟如果时时刻刻出现，会让你遭遇很多不好的事情。如果我是小乌龟，我一定会对你表示歉意。”我也表示，如果我是小乌龟，听到主人小归这么在乎我，我真的会很开心！

接下来，我请小归跟我合作，一起讨论小乌龟可以出来的时间和不适合出来的时间。我们得到以下结论：上学的时候、吃饭的时候、排队的时候、和别人组队的时候……小乌龟不要出来；周末、放假、爸爸妈妈心情好的时候……小乌龟可以出来。

后来，小归开心地问我，他可不可以和妈妈分享小乌龟。我请他妈妈进来，让她参与了最后的讨论。她很开心。在我的引导之下，她说以后不再用“慢吞吞”来形容儿子了。

在临床上，我只要听见咨询对象说“我就是……”的时候，就会启动外化技巧，因为这时的咨询对象已经自我认同有问题了，不但会被问题困扰，还会被问题包裹。我发现有些儿童青少年甚至会因为这样而认为改变不是自己的责任。例如，初中生小过就跟我说：“老师，我就是多动儿，从小就在吃药，所以我冲动是应该的呀。”每每这时，我发现使用外化技巧可以协助咨询对象正视自己的问题。

然而，学习外化技巧最重要的是要有外化的精神。也就是说，我们必须在日常生活中大量练习“人不等同于行为”或“人不等同于问题”的思考方式。如此，我们方能在孩子有内化问题的危险时，及时伸出援手。

即学即用

即学即用一

带领孩子思考他有没有“我就是……”这样的思维习惯，并按照前面介绍的方法将孩子的问题外化。可以请孩子为他的困扰取一个名字，并帮他总结基本信息。具体可按照以下思路进行。

一、请为它取一个名字。

二、请画出它的样子。

三、它年纪多大（从什么时候开始跟着孩子）？

四、它的个性如何？

五、它的目的是什么？

六、它的弱点是什么（害怕什么或是讨厌什么）？

七、消灭（管理）它的方法有哪些？

即学即用二

小强受电视剧影响，做了一个噩梦。他梦到有坏人来伤害全家。请用前面介绍的接梦技巧帮一下小强，可以按照以下步骤进行。

第一步：仔细聆听小强的叙述。

第二步：用第一人称“接”小强的梦，并将梦境叙述出来。

第三步：帮小强的梦“接”一个好的结局。